Moi
PLANTU

2022

l'année de

PLANTU

2022

SALE TEMPS POUR LA PLANÈTE

CALMANN LEVY
Graphic

PRÉFACE

SALE TEMPS POUR LA PLANÈTE !

Cette année aura remis en cause toutes nos certitudes. Le dérèglement climatique aura même fait basculer les prévisions de nos scientifiques les plus alarmistes. Les inondations et les feux de forêt de cet été caniculaire ont réveillé nos consciences endormies.

Nos responsables politiques qui croyaient épouser le désir des Français en limitant le nucléaire sont revenus sur leurs convictions, les Français étant eux-mêmes revenus sur leur opinion à la suite de la crise énergétique.

Tout le monde change et tout le monde fait du « en même temps ». Et que n'a-t-on entendu comme déclarations surréalistes amplifiées par les réseaux sociaux! Comme ce responsable écologiste nous affirmant que manger un Kinder Bueno était plus dangereux que vivre avec le nucléaire...

Devant le chantage au gaz organisé par Poutine, nous avons trouvé la parade : notre président Macron, fraîchement réélu, nous invente chaque jour une nouvelle usine à gaz : comme cette réforme des retraites dont personne ne veut et qui risque de mettre la France à feu et à sang.

N'a-t-on pas assez de feux et assez de sang en cette funeste année 2022 ?

Car les diplomates, les spécialistes et les journalistes qui pensaient une guerre impossible entre la Russie et le monde occidental ont revu leurs copies. Ce qui était vrai avant ne l'est plus aujourd'hui.

« *Annus horribilis* », aurait dit la reine Élisabeth II. Heureusement, son fils Charlécolo III saura nous donner des conseils pour cultiver nos tomates et nos rameaux d'oliviers.

En matière d'écologie, je ne suis pas un spécialiste, je ne suis qu'un passeur ; j'ai tout appris en rencontrant de véritables spécialistes, en lisant et en illustrant les articles du *Monde*.

(Dessin de PLANTU.)

En 1974, René Dumont, un agronome écologiste, se présente à la présidentielle. Il surprend tout le monde avec son pull rouge et termine ses discours télévisés en buvant un verre d'eau après avoir déclaré : « Nous allons bientôt manquer d'eau ! »

Je le trouvais un peu farfelu et je le dessinais dans *Le Monde* avec une fleur aux dents. Sans le savoir, je glissais tout doucement vers ce centre d'intérêt qui est allé en s'amplifiant quand j'ai travaillé régulièrement pour *Le Monde* et *Le Monde diplomatique*. Ce grand spécialiste de l'Afrique et du tiers-monde, comme on disait à l'époque, m'a demandé d'illustrer un de ses livres et je suis devenu sans le savoir un « dessinateur tiers-mondiste ».

René Dumont avait un slogan qui me plaisait : « La seule victoire, c'est la paix ! » ; il était contre toutes les guerres. Oui, mais que faire aujourd'hui ? « Cesser les ventes d'armes aux pays en guerre », comme le proclamaient les Verts lors de l'élection présidentielle de 1988 ? Devrions-nous laisser l'Ukraine se débrouiller seule ? Sujet brûlant aujourd'hui quand on sait que nous sommes à portée des missiles nucléaires russes.

Le journaliste Jean-Paul Besset définissait ainsi ce lanceur d'alerte : « René Dumont était juste ce qu'il faut, trop écolo pour les socialistes, trop anarchiste pour les écolos, trop empirique pour les marxistes, trop étatiste pour les libéraux, trop agronome pour les économistes, trop socio-économique pour les agronomes, trop pragmatique pour les scientifiques, trop enflammé pour les universitaires, trop prudent pour les militants, trop exigeant pour les tiers-mondistes et trop anticonformiste pour les pouvoirs. »

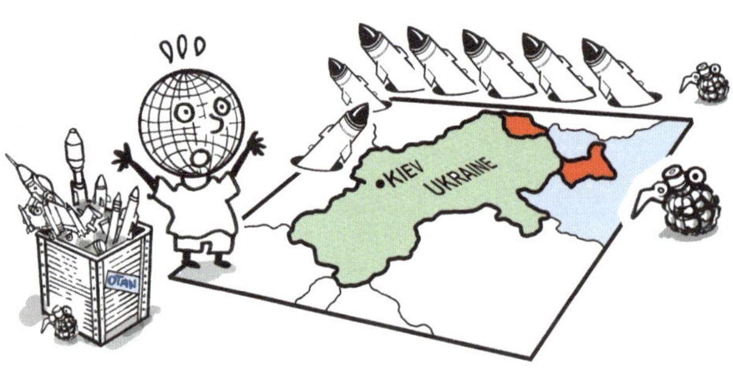

Du coup personne ne l'a vraiment écouté : pourtant René Dumont avait raison…

« Sale temps pour la planète », c'est le titre de ce livre : c'est aussi un « sale temps pour les débats », on retrouvera dans ces pages ce que nous avons vécu durant les campagnes présidentielle et législative. Entre polémique sur le « grand remplacement » et rôle de Pétain, soutiens accordés ou refusés à des candidats et, surtout, sondages toujours aussi hasardeux qui ont fait surgir de leurs manches des vedettes d'un jour, Christiane Taubira, Valérie Pécresse et un Éric Zemmour, sorti de nulle part et pourtant promis par ces prophètes autoproclamés aux plus hautes fonctions politiques. Évidemment, le dessinateur que je suis se délecte des petites phrases, des prédictions erronées des uns et des autres, des diatribes de Rachida Dati ou de Sandrine Rousseau, des espoirs d'un Mélenchon autoproclamé Premier ministre…

Quelle escroquerie de faire croire que les Français détestent la politique ! En fait, ils en raffolent. Et, quelquefois, ces Français, malgré l'inertie des politiques qui depuis des années nous promettent un peu de proportionnelle aux législatives mais n'en font rien, renversent les certitudes : ils ont décidé de donner à cette nouvelle législature des députés qui représentent mieux leurs opinions.

Alors peut-être que cette année politique française n'est pas si *horribilis*…

FRANCE

CANDIDATURE TAUBIRA

« L'insuffisance de ses parrainages, l'impréparation de sa campagne et son positionnement politique flou ont sonné le glas de la candidature de Christiane Taubira. Sa campagne n'a jamais pris d'ampleur, malgré sa désignation par la Primaire populaire. »

***Le Monde*, mars 2022**

CANDIDATURE ROUSSEL (PCF)

« Un bon vin, une bonne viande, un bon fromage, pour moi c'est la gastronomie française. Mais pour avoir accès à ce bon, à cette bonne gastronomie, il faut avoir des moyens. Donc le meilleur moyen de défendre le bon vin, la bonne gastronomie, c'est de permettre aux Français d'y avoir accès. Et je dis que le bon et le beau, tout le monde doit y avoir accès. »

Fabien Roussel à France Info, janvier 2022

PRONOSTIC FIABLE

« La victoire de Valérie Pécresse au congrès perturbe totalement le scénario qu'imaginait Emmanuel Macron, à savoir rejouer le match de 2017 face à Marine Le Pen. Face à la candidate LR, il aura beaucoup plus de mal à se distinguer, notamment sur les sujets économiques. »

Bruno Cautrès, chercheur à Sciences Po, décembre 2021

PRONOSTIC FIABLE (SUITE)

« Depuis sa désignation comme candidate de la droite pour l'élection présidentielle, Valérie Pécresse s'envole dans les sondages. Pour la première fois, un sondage Elabe pour BFMTV et *L'Express* a donné Valérie Pécresse gagnante au second tour de la présidentielle face à Emmanuel Macron. Elle est créditée de 20 % d'intentions de vote au premier, 11 points de plus que dans la précédente étude de cet institut réalisée les 23 et 24 novembre. Un sondage Ifop pour LCI et *Le Figaro* créditait la candidate LR de 17 % d'intentions de vote au premier tour, à jeu égal avec Marine Le Pen. Un résultat en hausse de 9 points par rapport à la précédente enquête, réalisée un mois plus tôt. »

TF1, décembre 2021

SOUTIEN EMBARRASSANT

Après la victoire de Valérie Pécresse face à Éric Ciotti au congrès Les Républicains, le parti a voulu montrer la cohésion entre les anciens finalistes et faire oublier les propos d'Éric Ciotti qui avait déclaré qu'en cas de second tour Macron-Zemmour, il voterait Zemmour. Pour les mettre en scène, il a donc été décidé de les réunir pour un déjeuner très médiatique.

DATI-STEFANINI

Sur France Info, Rachida Dati s'en prend violemment à Patrick Stefanini, le directeur de campagne de Valérie Pécresse : « il faut arrêter avec la légende : il n'a jamais fait gagner personne », c'est un « loser » et un « déserteur qui a laissé François Fillon en rase campagne ». Après l'avoir surnommé E.T., Rachida Dati a rappelé qu'il avait « été condamné pour emplois fictifs ».

TRAHISONS

Après avoir raillé en privé la campagne « minable » de Valérie Pécresse – « Pécresse disait souvent que Macron avait cramé la caisse de l'État, mais, en réalité, c'est elle qui a cramé la caisse de son parti » (propos rapportés par *Le Canard enchaîné*) –, Sarkozy apporte son soutien à Macron, fragilisant un peu plus son parti : « La fidélité aux valeurs de la droite républicaine et à notre culture de gouvernement doit nous conduire à répondre à l'appel au rassemblement d'Emmanuel Macron en vue de l'élection présidentielle » (communiqué de Nicolas Sarkozy, avril 2022).

BARRAGE

En février 2021, le journal *Libération* fait sa une sur les électeurs qui ne participeront pas au front républicain en cas de second tour Macron-Le Pen : « J'ai déjà fait barrage, cette fois c'est fini. » Un an plus tard, Antoine Maurice, leader d'Europe Écologie-Les Verts (EELV Toulouse), prévoit que « les castors feront barrage, mais ils sont fatigués ».

***Le Monde*, avril 2022**

EXTRÊME DROITE :

Manifestation xénophobe d'étudiants parisiens devant la faculté de médecine (1er février 1935).

MÉDIA ZEMMOUR

Après avoir été chroniqueur pendant des années sur la chaîne CNews, Éric Zemmour officialise le 30 novembre 2021 sa candidature à l'élection présidentielle : « Il n'est plus temps de réformer la France, mais de la sauver. »

COLLARD RALLIE ZEMMOUR

« Quand Marine Le Pen n'aura plus personne au Rassemblement national, elle va finir présidente de SOS Racisme. »

Gilbert Collard (sur RTL)

TRAHISONS (SUITE)

Quelques élus, dont Marion Maréchal et Gilbert Collard, quittent le Rassemblement national pour rejoindre Éric Zemmour. « Je pense qu'un jour viendra où Marine Le Pen fera comme moi et rejoindra Éric Zemmour », ne craint pas d'affirmer Gilbert Collard.

Marine Le Pen se dit touchée car elle « trouve que, pour des gens qui vous expliquent toute la journée qu'ils vont sauver la France, ne pas être capable de décrocher son téléphone pour dire à la personne qui vous a fait élire : "j'ai pris la décision d'aller chez un concurrent", en pleine campagne présidentielle de surcroît, c'est vraiment déplorable » (France 3, janvier 2022).

MÉNARD MÉNAGE

Selon Éric Zemmour (BFM, août 2021), le maire de Béziers, Robert Ménard, l'a « pendant des années incité, encouragé, presque supplié, d'être candidat à la présidentielle », en lui affirmant qu'il était « le meilleur, le seul qui pouvait tenir le flambeau ». Le maire de Béziers a finalement choisi Marine Le Pen. Et Zemmour d'ironiser : « Souvent Ménard varie, bien fol qui s'y fie. »

« J'ai eu des mots injustes à son égard mais, en même temps, les choses ont changé. Le Rassemblement national n'est pas le Front national. Il y a quelques années Marine Le Pen était plus clivante mais Marine fait une campagne très différente de 2017, elle a pris une dimension différente, elle incarne mieux la fonction présidentielle. »

Robert Ménard, janvier 2022

«PÉTAIN A SAUVÉ LES JUIFS FRANÇAIS», ÉRIC ZEMMOUR (2014)

Éric Zemmour, selon l'historien Laurent Joly, «pioche des faits qui vont dans le sens de ses préjugés en les amplifiant ou en les déconnectant de leur contexte pour généraliser et élaborer une théorie». Il instrumentalise sciemment l'Histoire à des fins politiques car Zemmour cherche à banaliser les crimes du passé afin de justifier des politiques d'exception pour le présent.

L'ATTRACTION ORBAN

Éric Zemmour répond à l'invitation de la Hongrie et s'exprime ainsi, après un tête-à-tête avec le chef du gouvernement : « Je ne pense pas que Viktor Orban soit un dirigeant autoritaire. Il dirige son pays et il ne se laisse intimider ni par les minorités, ni par les médias, ni par le gouvernement des juges. C'est exactement ce qu'il faudrait en France, mais ça ne veut pas dire un gouvernement autoritaire » (septembre 2021). Un mois plus tard, c'est au tour de Marine Le Pen d'être conviée à Budapest et de déclarer lors d'une conférence de presse commune avec le Premier ministre hongrois : « La Hongrie de 2021, sous votre conduite, se place une nouvelle fois à la pointe du combat pour la liberté des peuples » (octobre 2021).

PRIMAIRES

Anne Hidalgo qui représente officiellement le PS depuis le 12 septembre 2021 appelle Yannick Jadot à accepter une primaire de la gauche : « Si la gauche veut être au second tour, il faut une primaire en amont du premier tour » (décembre 2021).

Yannick Jadot ayant refusé catégoriquement mais appelant « tous les progressistes et les humanistes » à le rejoindre, Anne Hidalgo s'en prend au leader écologiste : « Pour certains, il est plus urgent de conduire la guerre contre le PS que de sauver la planète » (janvier 2021).

ROUSSEAU EN CAMPAGNE

Sandrine Rousseau qui a perdu le second tour de la primaire écologiste contre Yannick Jadot critique violemment la campagne de son parti : « Nos grands stratèges sont nuls ! Je deviens folle ! Ils se plantent sur tout... C'est un gâchis. » Elle sera exclue de l'organigramme du candidat.

VIANDE ET PATRIARCAT

« Il faut aussi changer de mentalité pour que manger une entrecôte cuite sur un barbecue ne soit plus un symbole de virilité. »

Sandrine Rousseau
(Europe Écologie - Les Verts)

« On ne naît pas gestionnaire de barbecue, on le devient, a dit Simone de Bavette. »

Urbs (dessinateur-philosophe)

DÉMAGOGIE

Emmanuel Macron qui n'a pas réellement fait campagne annonce brusquement une baisse sur les carburants. L'opposition réagit vivement : « Le 1er avril, c'est à dix jours de l'élection, la ficelle est un petit peu grosse », s'indigne Valérie Pécresse. « Il y a un côté quand même un peu clientéliste et électoraliste », renchérit Anne Hidalgo.

AUTOMOBILE

« La décennie dorée 2009-2019, période quasi ininterrompue d'expansion automobile, a pris fin. »

Flavien Neuvy
(économiste, août 2022)

« Des chiffres sans appel. Entre avril et juin, les ventes de véhicules à essence ont reculé de 22 % par rapport à la même période, l'an dernier. [...] Repli plus marqué pour la motorisation diesel : moins 28 % [...]. Les véhicules à essence représentent désormais un peu plus de 38 % du marché du neuf en Europe contre 17 % pour le diesel. »

Radio France, juillet 2022

ANTIVAX

« Les non-vaccinés, j'ai très envie de les emmerder », confie Emmanuel Macron aux lecteurs du *Parisien* du 4 janvier 2022.

ANTIVAX (SUITE)

Les Français sont néanmoins loin d'être réfractaires à la vaccination ; la France se situe au 8e rang des pays les plus vaccinés sur les 30 pays européens répertoriés (chiffres d'Eurovaccination de juillet 2022), mais les antivax ont fait beaucoup de bruit…

« Les chaînes tout-info, celles qui misent sur la polarisation pour se distinguer, surreprésentent les positions outrées qui, par définition, génèrent le plus de commentaires. On confond souvent la virulence de propos, l'abondance de commentaires sur les réseaux, et leur réelle représentativité. »

Thomas Legrand,
France Inter, janvier 2021

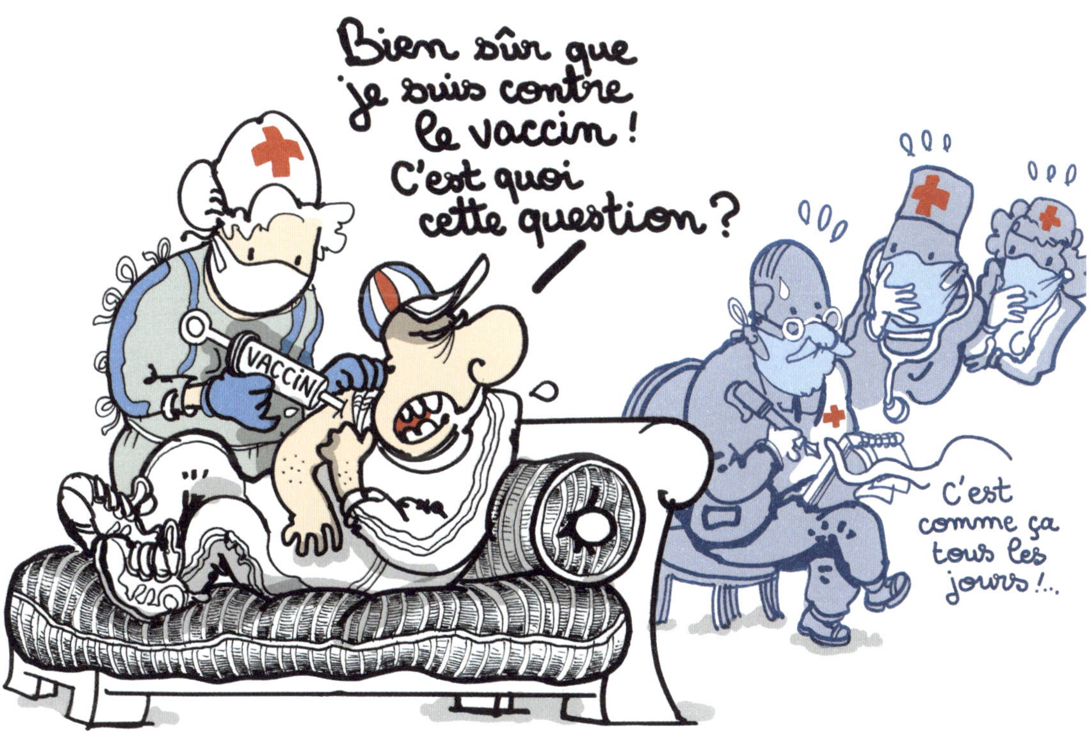

NUANCES

« Toute pathologie est subjective au regard de demain [...] ; toute science objective par sa méthode et son objet est subjective au regard de demain, puisque [...] bien des vérités d'aujourd'hui deviendront des erreurs de la veille. »

Georges Canguilhem (philosophe et médecin), 1966

NORD-SUD

« Après avoir souffert d'une pénurie de vaccins au pic de la pandémie de Covid-19, l'Afrique croule aujourd'hui sous des millions de doses que la plupart des pays ne sont pas en mesure d'absorber. Les dons promis par les pays riches dans le cadre d'accords bilatéraux, et les livraisons assurées à travers le mécanisme de solidarité internationale Covax affluent de manière désordonnée et avec des délais d'expiration encore trop courts. »

***Le Monde*, avril 2022**

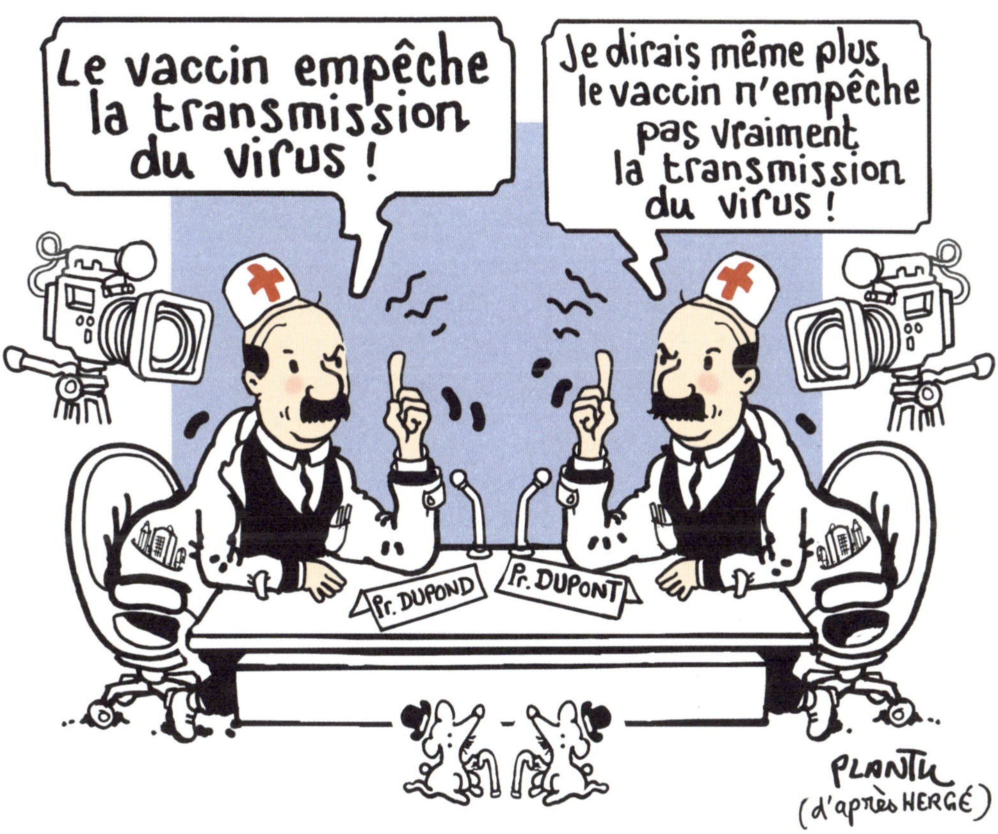

SOIGNANTS

« Vous avez salué l'engagement de nos soignants. Pourtant, le dispositif de veille et de sécurité sanitaire proposé par le gouvernement en matière de lutte contre la Covid-19 passe à côté de l'essentiel. L'état de notre système de santé est une honte pour notre pays ! Les moyens qui lui sont consacrés sont sous-dimensionnés, nos hôpitaux manquent de personnel, nos soignants souffrent, manquent de considération et sont à bout. Ils sont de plus en plus nombreux à changer d'orientation professionnelle. »

Yoann Gillet (RN)

NOUVEAUX LITS ?

« Ma responsabilité n'est pas d'ouvrir de nouveaux lits, mais de rouvrir ceux qui ont été fermés, faute de soignants. C'est un objectif majeur. D'ailleurs, si vous avez la solution miracle pour créer du jour au lendemain 150 000 soignants, je suis preneur ! »

François Braun (ministre de la Santé, ex-urgentiste)

ÉREINTÉS

Malgré la pandémie, plus de 5 700 lits d'hospitalisation complète ont été fermés en 2020 dans les établissements de santé français, rapportait une étude du ministère de la Santé en 2021.

« On sait aussi que les personnels de santé sont éreintés, mis de côté, qu'ils choisissent d'abandonner, par dégoût, par lassitude, par sentiment de ne pas être suffisamment respectés. Cela fait encore des lits en moins. Il y a de quoi être inquiet, et de tels problèmes se posent dans l'ensemble du territoire. »

Sandra Regol (Écologie-NUPES)

FAIM

En 1985, les Restos du Cœur servaient 8,5 millions de repas ; les Restos servent aujourd'hui 142 millions de repas.

PAUVRETÉ

« La majorité au pouvoir, qui a largement soutenu le niveau de vie des plus riches, continue à faire la sourde oreille aux demandes pour plus de justice sociale, alors même que l'épargne a progressé du fait du confinement. Les attentes, exprimées notamment par les organisations de soutien aux plus démunis, sont grandes. Le gouvernement risque bien de regretter plus tard son cynisme social. Si la pauvreté a baissé dans les années 1970 et au début des années 1980, notamment du fait de l'amélioration de la situation des personnes âgées, le milieu des années 1990 et surtout le début des années 2000 ont marqué un tournant. La pauvreté progresse alors sous l'effet de plusieurs facteurs : la hausse du nombre de familles monoparentales aux faibles revenus et une croissance économique qui demeure historiquement faible avec pour conséquence un niveau de chômage élevé. La détérioration structurelle du marché du travail (précarité et bas salaires notamment) pèse en particulier sur le niveau de vie des plus jeunes. »

Observatoire des inégalités,
à propos du *Rapport sur la pauvreté en France, 2020-2021*

ABSTENTIONS

Malgré les sujets de préoccupation des Français (pouvoir d'achat, pauvreté, santé), ceux-ci se sont largement abstenus :

- 26,31 % d'abstention au premier tour de l'élection présidentielle, puis 28,01 % au second tour ;
- 54,49 % d'abstention au premier tour des élections législatives, puis 53,77 % au second tour.

Les "grands" partis :

RÉSULTATS CATASTROPHIQUES

Au premier tour de l'élection présidentielle, Anne Hidalgo (Parti socialiste) ne recueille que 1,75 % des suffrages, et Valérie Pécresse (Les Républicains) seulement 4,78 %.

BIEN VU

Pour les législatives, l'institut Elabe pour BFMTV et *L'Express* (10 juin 2022) prédit au Rassemblement national de 25 à 50 députés : il en aura 89...

INSONDABLES

Pour le baromètre OpinionWay de février 2022, « Zemmour rattrape Pécresse et Le Pen » : Valérie Pécresse, Marine Le Pen et Éric Zemmour sont tous trois crédités de 15 % des intentions de vote. Éric Zemmour n'en fera que la moitié, Valérie Pécresse le tiers, quant à Marine Le Pen, elle obtiendra 23,15 %...

DÉBAT MACRON-LE PEN

Gaspard Gantzer, ancien conseiller de François Hollande et désormais enseignant à Sciences Po et HEC, a vivement réagi à la récusation de la journaliste Anne-Sophie Lapix pour animer le débat de l'entre-deux-tours : « Cette histoire est absolument incroyable. C'est un peu inquiétant d'un point de vue démocratique. Ça donne à la France des allures de république bananière dans laquelle on choisit qui vous interviewe. Il s'agit quand même de devenir président de la République française et de pouvoir discuter avec Vladimir Poutine, qui, à mon avis, est autrement plus redoutable qu'Anne-Sophie Lapix » (Emmanuel Macron et Marine Le Pen seront finalement interrogés par Gilles Bouleau et Léa Salamé).

RÉÉLECTION

Malgré son projet de départ à la retraite à 65 ans qui provoque un tollé unanime de toutes les organisations syndicales même les plus modérées, Emmanuel Macron est réélu.

Bon courage !
1
2

RÉSULTATS DU PREMIER TOUR DE L'ÉLECTION PRÉSIDENTIELLE

- Emmanuel Macron **27,85 %**
- Marine Le Pen **23,15 %**
- Jean-Luc Mélenchon **21,95 %**
- Éric Zemmour **7,07 %**

RÉSULTATS DU SECOND TOUR DE L'ÉLECTION PRÉSIDENTIELLE

- Emmanuel Macron **58,55 %**
- Marine Le Pen **41,45 %**

Help Bélouga

BÉLOUGA

Un bélouga qui avait été découvert dans la Seine a provoqué une immense émotion chez les bénévoles, les pompiers et la préfecture de l'Eure. Après plusieurs jours de soins très médiatisés, le cétacé a dû être euthanasié après son arrivée en camion à Ouistreham (Calvados). Les experts espéraient pouvoir le soigner avant de le relâcher en mer.

Les larges moyens financiers et humains utilisés pour l'opération de sauvetage du bélouga ne font pas consensus au sein de la communauté scientifique.

URGENCE GÉRIATRIQUE

« On vieillit, c'est une très bonne nouvelle. Mais c'est archifaux de dire qu'on vieillit bien, en France. L'espérance de vie en bonne santé est plus mauvaise, car tout le système est fondé sur l'urgence et la réanimation. »

Antoine Piau, professeur de gériatrie, *Le Monde*, août 2022

FINALE DE LA LIGUE

Violents incidents au Stade de France lors de la finale de la Ligue des champions (Real Madrid-Liverpool) le 28 mai 2022. Le ministre de l'Intérieur, Gérald Darmanin, accuse les Britanniques d'avoir de faux billets : « La présence massive de ces faux billets est effectivement le mal racine qui a causé les reports par trois fois du commencement du match. »

« Il est injuste d'avoir voulu faire porter aux supporters de l'équipe de Liverpool la responsabilité des troubles intervenus, comme l'a fait le ministre de l'Intérieur, pour détourner l'attention de l'incapacité de l'État à gérer adéquatement la foule présente et à juguler l'action de plusieurs centaines de délinquants violents et coordonnés », écrivent les sénateurs François-Noël Buffet (LR) et Laurent Lafon (Union centriste) en préambule du rapport qu'ils ont rendu public le 13 juillet face à la presse.

POLICE

Laurent Nuñez est nommé à la tête de la préfecture de police de Paris. Il succède à Didier Lallement, fragilisé par le fiasco de sa gestion des incidents du Stade de France.

MÉLENCHON

« Je demande aux Français de m'élire Premier ministre en votant pour une majorité d'Insoumis et de membres de l'Union populaire aux élections législatives de juin », a déclaré Jean-Luc Mélenchon, espérant motiver les électeurs à aller voter aux législatives. La percée importante de la Nupes, alliance voulue par Mélenchon qui rassemble LFI, le PS, le PCF et EELV au premier tour des élections législatives, pourrait laisser croire que le projet est réaliste. Ce que les membres de cette alliance clament avec assurance. Jean-Luc Mélenchon a lui-même déclaré que « Matignon ne s'éloigne pas mais se rapproche ». Mélenchon ne sera évidemment pas Premier ministre, mais la Nupes remportera 131 sièges de députés, devenant ainsi la première force de l'opposition.

ÉLISABETH BORNE, PREMIÈRE MINISTRE

Emmanuel Macron a pris trois semaines pour nommer Élisabeth Borne Première ministre en remplacement de Jean Castex : la passation de pouvoir a lieu le 16 mai 2022.

« Chère Élisabeth Borne, Madame la Première ministre,
Écologie, santé, éducation, plein-emploi, renaissance démocratique, Europe et sécurité : ensemble, avec le nouveau gouvernement, nous continuerons d'agir sans relâche pour les Françaises et les Français. »

Emmanuel Macron, sur son compte Twitter

MAJORITÉ RELATIVE : RISQUE DE PARALYSIE ?

« Le camp Macron craint une "paralysie totale" après les législatives et évoque "une dissolution" de l'Assemblée dans un an », titre *Le Monde* au lendemain des élections législatives qui ont donné une majorité relative à Renaissance… « La situation est inédite. Jamais l'Assemblée nationale n'a connu une telle configuration sous la Ve République », a réagi la Première ministre, Élisabeth Borne, mais elle reflète pour la première fois les opinions des Français qui réclament une dose de proportionnelle depuis longtemps. Emmanuel Macron (et François Hollande avant lui) s'y était engagé le 3 juillet 2017 devant le Parlement réuni en congrès à Versailles afin « que toutes les sensibilités soient justement représentées ».

TONGS ET CHEMISETTE À FLEURS

« Nous, on n'est pas la France insoumise, on ne vient pas en tongs et en chemisette à fleurs », explique Marine Le Pen aux nouveaux députés du Rassemblement national par visioconférence au lendemain des élections législatives. Marine Le Pen demande à ses députés « cohésion » et « exemplarité ».

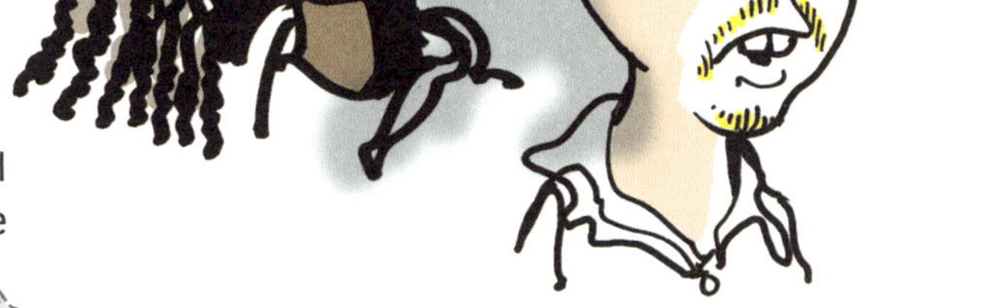

GROUPE LFI

À l'Assemblée nationale, le groupe LFI obtient 75 députés. Jean-Luc Mélenchon ne s'est pas présenté et Mathilde Panot devient présidente du groupe. Manon Aubry (sur le dessin) représente le groupe LFI au Parlement européen.

« La gauche est sous la domination de Jean-Luc Mélenchon, et la direction du PS s'est laissée "toutouïser". »

Bernard Cazeneuve, *L'Obs*, septembre 2022

« M. Cazeneuve s'est "mélenchonisé" en utilisant ce terme de "toutouïsé" du registre de LFI. »

Olivier Faure, France Inter

« Le PS est aujourd'hui recroquevillé, incapable de se renouveler et reste dans une forme d'indéfinition politique. »

Stéphane Le Foll

Porte-poisse

BOULE DE CRISTAL

« Si les sondages pouvaient parler, ils nous confieraient sans doute un certain mal-être, une petite déprime saisonnière au moment des campagnes. Car chaque fois qu'ils pointent le bout de leur courbe, les voici raillés, méprisés, dénigrés. »

France Culture

« Les sondeurs se sont trompés de 5 points en notre défaveur à la présidentielle. Notez soigneusement leurs noms, leurs pronostics actuels et l'erreur qu'ils vont faire comme à TOUTES les élections. Payés pour quel service ? »

Jean-Luc Mélenchon

Des failles dans les hôpitaux psychiatriques

PSY

De nombreuses failles dans la sécurité de l'unité pour malades difficiles (UMD) de l'hôpital psychiatrique Paul-Guiraud de Villejuif (Val-de-Marne) sont mises en avant dans un rapport de l'Agence régionale de l'hospitalisation d'Île-de-France (ARHIF).

PAS DE VOTE DE CONFIANCE

« La Première ministre ne sollicitera pas la confiance des parlementaires », a annoncé le nouveau porte-parole du gouvernement, Olivier Véran, lundi 4 juillet dans l'après-midi, à l'issue du premier Conseil des ministres du gouvernement Borne 2. En déposant une motion de censure avant même le discours de politique générale d'Élisabeth Borne, la Nupes veut incarner l'opposition radicale au gouvernement. Clémentine Autain (LFI) explique cette stratégie et ajoute « nous devons trouver une ligne de crête. À défaut, on deviendrait notre propre caricature et on ne serait pas compris : on doit aboutir à un profil général alliant insolence et solennité. Le PS, par exemple, a payé très cher sa course à la respectabilité. Et nous, nous devons gagner en solennité pour rassembler le plus largement possible. »

***Le Monde*, juillet 2022**

Bon courage !
1
2
POLITIQUE GÉNÉRALE

Quand je vois l'attitude de certains, je tombe des Nupes !

LAÏCITÉ

« Ne faisons pas de l'Observatoire de la laïcité un bouc émissaire facile pour faire oublier ce qui n'a pas été fait (et a pourtant été demandé par cette même instance) pour assécher le terrain sur lequel se développe ledit séparatisme. Pensons notamment au nécessaire renforcement de la mixité sociale, au soutien à ceux qui sont en première ligne, tels les enseignants. Et ne faisons pas porter à l'Observatoire, et à la laïcité en général, ce qui n'en relève pas, à savoir la lutte directe contre le terrorisme. »

Tribune de 119 universitaires, publiée dans *Le Monde* du 7 avril 2021

« Le sort de l'observatoire a divisé jusqu'au sein de la majorité. Plusieurs députés de La République en marche avaient apporté publiquement leur soutien à M. Bianco. À l'inverse, l'ancien Premier ministre Manuel Valls avait estimé que cette commission s'était rendue "coupable de tant de renoncements". »

***Le Monde*, juin 2021**

L'Observatoire de la laïcité est dissous le 5 juin 2021 et remplacé par un comité interministériel, placé sous l'autorité du Premier ministre.

PISCINE ET BURKINI

Éric Piolle, maire de Grenoble, décide d'autoriser le burkini dans les piscines municipales car « interdire le burkini dans une piscine municipale est une discrimination ». L'ordonnance du Conseil d'État du 22 juin 2022 désavoue Éric Piolle et confirme l'interdiction du port du burkini dans les piscines grenobloises.

Éducation nationale

PAP NDIAYE

L'historien Pap Ndiaye, « l'anti-Blanquer », a été nommé ministre de l'Éducation nationale.

« C'est quelqu'un qui a été innovant, a su montrer une nouvelle manière d'appréhender le passé », a salué l'historien Pascal Blanchard, spécialiste de la colonisation. « Ses travaux sur la présence noire en France sont fondateurs. »

Pap Ndiaye avait critiqué les déclarations de son prédécesseur sur le « wokisme » et l'« islamo-gauchisme » : « Le terme "islamo-gauchisme" ne désigne aucune réalité dans l'université. C'est une manière de stigmatiser des courants de recherche. »

DÉBOULONNAGE

Évoquant dans le quotidien régional *Paris-Normandie* un « nécessaire examen de l'Histoire avec ses parts d'ombre et de lumière », le maire PS de Rouen, Nicolas Mayer-Rossignol, proposait en septembre 2020 d'exiler la statue de Napoléon dans un endroit peu fréquenté et de la remplacer par une statue de l'avocate et militante féministe Gisèle Halimi. Perçue comme une nouvelle soumission à la « cancel culture », l'idée provoquait un tollé chez les politiques, administrés et intellectuels ; et poussait la mairie à se résoudre à une consultation publique. Laquelle donnait lieu à un plébiscite de 68 % des Rouennais (4 080 votants) en faveur du retour de l'œuvre.

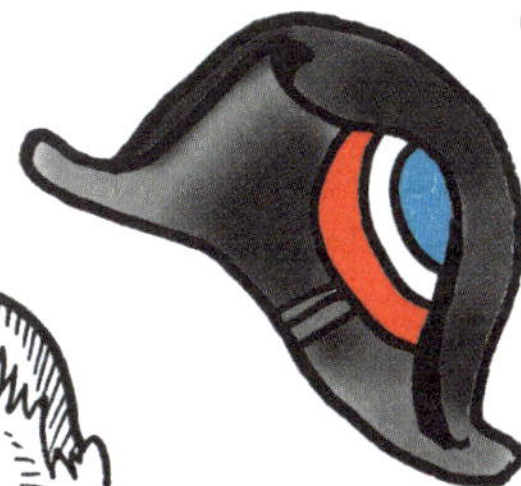

BRAVO !!! T'es parti pour rester...
Jusqu'à 65 ans...
comme tout le monde !

MÉDIAS CULPA

Seuls 29 % des Français font confiance aux médias, selon un rapport de l'institut Reuters pour l'étude du journalisme, publié en juin 2022.

La France se trouve donc parmi ceux qui croient le moins les journalistes : elle est au 41e rang sur 46 dans le classement des pays qui font le plus confiance à la presse.

HEUREUSEMENT QUE J'ÉTAIS LÀ POUR TA RÉÉLECTION !
RN

HEUREUSEMENT QU'ON EST LÀ POUR VOTER LES LOIS !
ASSEMBLÉE NATIONALE
LES RÉPUBLICAINS
YOU KNOW WHAT ? I'M HAPPY !

INTERNATIONAL

ALLEMAGNE

Après quatre mandats de 2005 à 2021, la chancelière allemande Angela Merkel quitte le pouvoir.

Le nouveau chancelier allemand, Olaf Scholz, élu en décembre 2021, se retrouve à la tête d'une alliance inédite entre sociaux-démocrates, Verts et libéraux.

EUROPE

La France prend la présidence du Conseil de l'Union européenne à partir du 1er janvier 2022 pour une durée de six mois.

EXIT BORIS

Boris Johnson annonce son départ le 7 juillet 2022 après qu'une cinquantaine de ministres et secrétaires d'État ont démissionné.

« Il y a un sentiment général de soulagement que le chaos des derniers jours (voire des derniers mois) prenne fin, bien que l'idée que Boris Johnson reste en tant que Premier ministre jusqu'à l'automne semble loin d'être idéale… »

Nicola Sturgeon, Première ministre de l'Écosse

NOUVELLE PREMIÈRE MINISTRE

Liz Truss est élue avec 57 % des voix par les membres du Parti conservateur, face à Rishi Sunak. Troisième femme Première ministre après Margaret Thatcher (1979-1990) et Theresa May (2016-2019), elle remplace Boris Johnson et est nommée officiellement par la reine Elizabeth II au château de Balmoral, en Écosse, le 6 septembre. Très conservatrice, elle promet une politique ultralibérale de baisse d'impôts et de déréglementation, tout en s'occupant de la crise énergétique et de la flambée des prix.

LA REINE ELIZABETH II (1926-2022)

La reine Elizabeth II, qui avait célébré cette année ses 70 ans de règne, est morte le 8 septembre 2022. C'est la première fois dans l'histoire du Royaume-Uni qu'un monarque a célébré son jubilé de platine.

L'un des événements les plus incroyables de ce jubilé fut un sketch filmé entre Sa Majesté et l'ours Paddington. Ce dernier lui a rendu hommage : « Thank you Ma'am, for everything. »

CHARLES III

Le prince Charles devient le roi Charles III le 8 septembre 2022. Très en avance sur son temps pour tous les problèmes liés à l'environnement, il a créé plusieurs fondations pour lutter, entre autres, contre la déforestation. Lors de la conférence de Paris de 2015 sur les changements climatiques, le prince Charles avait été invité à prendre la parole dès l'ouverture : « Paris sera une étape absolument cruciale dans l'effort international, qui n'a que trop tardé, pour limiter la hausse des températures à moins de 2 °C. »

USA

ÉTATS-UNIS ET AVORTEMENT

La Cour suprême des États-Unis a révoqué le 24 juin 2022 le droit à l'avortement : les États sont désormais libres de l'interdire.

« Aujourd'hui, la Cour suprême a non seulement renversé près de 50 ans de précédent historique, elle laisse également au bon vouloir des politiciens et idéologues la décision la plus personnelle qui soit », a immédiatement déclaré **Barack Obama**.

FEMMES AFGHANES

« Moins d'un an après la prise de pouvoir des talibans en Afghanistan, les droits des femmes dans le pays sont bafoués par une "répression suffocante" menée par les autorités. Dans un rapport, Amnesty International appelle les gouvernements et les organisations internationales à faire pression sur les talibans pour instaurer des changements. »

***La Croix*, juillet 2022**

ÉTATS-UNIS, AL-QAÏDA

« Samedi 30 juillet 2022, sur mes ordres, les États-Unis ont mené à bien une frappe aérienne sur Kaboul, en Afghanistan, qui a tué l'émir d'Al-Qaïda, Ayman al-Zawahiri. Justice a été rendue et ce dirigeant terroriste n'est plus », a annoncé le président américain, **Joe Biden**.

13 novembre… 22 mars…

PROCÈS DES ATTENTATS DJIHADISTES DE 2015 ET 2016

Dans le procès des attentats de Paris et Saint-Denis du 13 novembre 2015 qui ont tué 130 personnes et blessé des centaines d'autres, la Cour d'assises a retenu la culpabilité de l'ensemble des accusés et a condamné Salah Abdeslam à la réclusion à perpétuité incompressible.

Le procès de l'attentat du 14 juillet 2016 à Nice qui a fait 86 morts et des centaines de blessés a commencé en septembre 2022, ainsi que le procès de l'attentat à l'aéroport de Bruxelles commis en mars 2016 faisant 32 morts et 340 blessés.

GOOGLE FACEBOOK TWITTER...

« La justice américaine a assigné Google, Facebook, Twitter à comparaître pour faire la lumière sur leur rôle dans l'attaque du 6 janvier contre le Capitole américain.

Les trois géants américains sont clairement pointés du doigt. Les assignations à comparaître portent en effet sur "la propagation de la désinformation, les efforts pour renverser l'élection de 2020, l'extrémisme violent national et l'influence étrangère dans l'élection de 2020". »

Jonathan Greig, zdnet.fr, 14 janvier 2022

Question du représentant des parlementaires américains:

«Est-ce que vos plateformes portent une responsabilité dans l'attaque du Capitole à Washington ?»

MODI MÉGALO

Avec l'aide d'hologrammes, le chef du gouvernement indien, Narendra Modi, a été le premier à tenir des meetings à plusieurs endroits en même temps.

***Daily News & Analysis* (Bombay)**

HINDOUISTES CONTRE MUSULMANS

« Le Premier ministre indien Modi est resté sans réaction face au déferlement de haine envers les musulmans qui a eu lieu lors des fêtes hindoues. »

***Le Monde*, avril 2022**

INDE

« À deux ans des élections générales, les extrémistes proches du parti du Premier ministre Narendra Modi mènent une guerre judiciaire contre les mosquées et multiplient les exactions envers la principale minorité religieuse. »

***Le Monde*, juillet 2022**

PARDON!

« Je viens sur vos terres natales pour vous dire personnellement combien je suis affligé, pour implorer de Dieu pardon, guérison et réconciliation, pour vous manifester ma proximité, prier avec vous et pour vous », a déclaré, devant les représentants des peuples autochtones, le **pape François** lors de son voyage au Canada en juillet 2022. « Les politiques d'assimilation ont fini par vous marginaliser systématiquement. Vos langues et vos cultures ont été dénigrées et supprimées » et « les enfants ont subi des abus physiques et verbaux, psychologiques et spirituels ». Dans l'avion du retour, le pape a parlé de génocide pour définir ce qui s'est passé au Canada.

TUNISIE

Le président tunisien **Kaïs Saïed** élu en 2019 a bâti son succès sur le rejet du Parlement et des partis. Il a dissous l'Assemblée et mis la main sur des institutions jusqu'ici indépendantes. En juillet 2022, il soumet au vote une nouvelle Constitution dont certains articles suscitent l'inquiétude, notamment l'article 5, qui peut se révéler attentatoire aux droits des femmes.

L'attente des résultats fut longue mais la nouvelle Constitution a été adoptée. Elle accorde des prérogatives élargies au président Kaïs Saïed. Le président parle d'une entrée dans une nouvelle ère. Cependant la participation au scrutin a été faible, même si le oui l'a largement emporté (94 %).

PLANTU

ISRAËL-PALESTINE

Le 1er août, les autorités israéliennes arrêtent l'un des chefs du groupe Djihad islamique, Bassem al-Saadi, en Cisjordanie. Quatre jours plus tard, l'armée israélienne lance une opération présentée comme « préventive » contre le Djihad islamique. Plusieurs chefs militaires du groupe sont tués à Gaza selon l'AFP.

En trois jours, 44 Palestiniens, dont 15 enfants, sont tués par des frappes israéliennes sur l'enclave de Gaza. 360 blessés sont recensés sur la même période. Le 7 août 2022, une trêve négociée par l'Égypte entre en vigueur.

SALMAN RUSHDIE

Menacé par une fatwa depuis 1989, le romancier et militant de la liberté d'expression Salman Rushdie est grièvement blessé aux États-Unis par un chiite d'origine libanaise (12 août 2022).

TU TE RENDS COMPTE DE CE QU'IL A OSÉ ÉCRIRE ?!!
TSS!
Salman Rushdie

LIBRAIRIE
LE DERNIER RUSHDIE EST ARRIVÉ !
SALMAN RUSHDIE
LIBRAIRIE
ATTACHÉ DE PRESSE INVOLONTAIRE
Salman Rushdie
PLANTU

Soudan

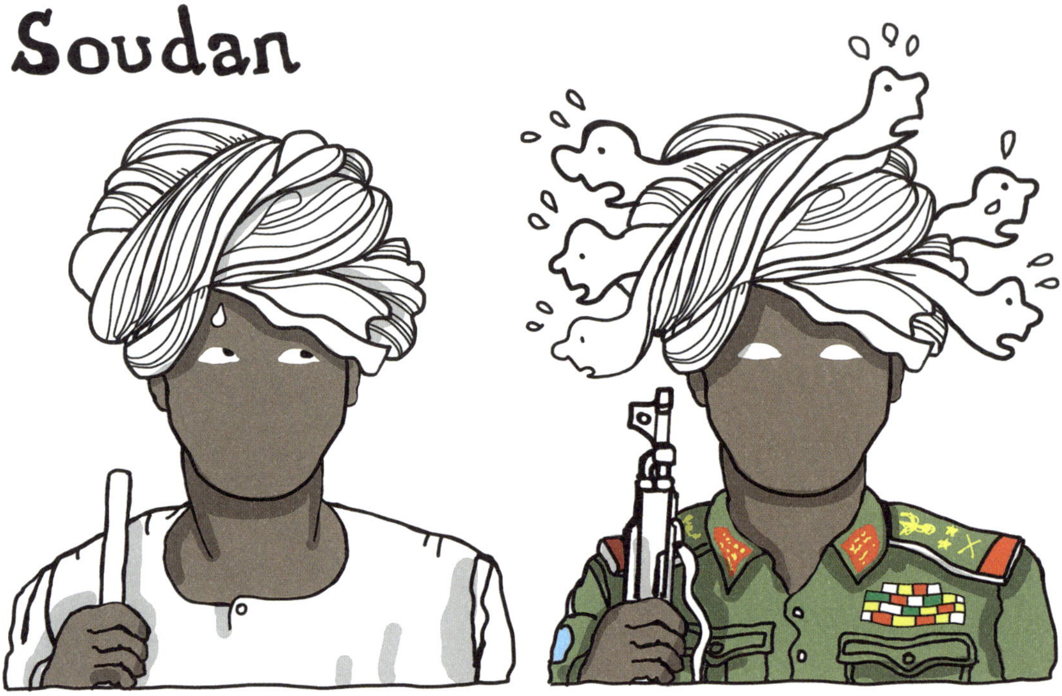

SOUDAN

Soudan : un nouveau conflit interethnique a fait 60 morts. Des dizaines de familles ont fui l'État soudanais du Nil Bleu, frontalier de l'Éthiopie. Les Haoussas et les Bartis s'affrontent pour l'accès aux terres, dans un pays souvent en proie à de telles violences.

***Le Monde*, juillet 2022**

BURKINA FASO (LE PAYS DES HOMMES INTÈGRES)

L'homme d'affaires russe Evgueni Prigojine, réputé proche de Vladimir Poutine et soupçonné d'être lié à l'opaque groupe paramilitaire Wagner, a salué mardi 25 janvier 2022 le putsch au Burkina Faso comme le signe d'une « nouvelle ère de décolonisation » en Afrique.

Wagner est également présent en Centrafrique : Bangui approuve l'invasion de l'Ukraine par la Russie.

TV5 Monde, août 2022

EVGUENI PRIGOJINE

Proche du président Vladimir Poutine, Evgueni Prigojine finance le groupe de mercenaires Wagner.

GROUPE WAGNER

« Les mercenaires du groupe Wagner tuent, pillent et étendent l'influence de la Russie, et ce, dans une totale impunité. C'est une armée occulte que l'on a vue à l'œuvre d'abord en Ukraine, puis en Syrie et dans une demi-douzaine de pays africains mais dont le Kremlin nie l'existence. »

***La Presse*, juin 2022**

NANCY PELOSI

« Acte justifié ou provocation ? Ambiguïté ou confusion ? La visite de Nancy Pelosi, présidente de la Chambre des représentants des États-Unis, à Taïwan a soulevé de nombreuses questions. »

***Le Monde*, août 2022**

POUTINE – XI JINPING

« La guerre engagée par la Russie pour soumettre ou démembrer l'Ukraine est venue alimenter l'inquiétude d'un prochain recours à la force par la République populaire de Chine à l'encontre de Taïwan afin de réaliser le "rêve chinois de réunification nationale". Une inquiétude d'autant plus grande que, trois semaines avant l'invasion de l'Ukraine, Vladimir Poutine et Xi Jinping avaient publié une déclaration de totale solidarité lors de la visite du président russe à Pékin. »

***La Tribune*, juin 2022**

Distances

LES RECONFINÉS CHINOIS

La politique zéro Covid-19 prônée en Chine pour essayer de lutter contre la pandémie « n'est pas soutenable », a jugé mardi 10 mai 2022 le patron de l'Organisation mondiale de la santé (OMS), qui s'est entretenu du sujet avec des spécialistes chinois.

Ce qui était encore accepté en début de pandémie est devenu insupportable deux ans plus tard. Le confinement, particulièrement strict, de la capitale économique Shanghai a été une épreuve pour ses 25 millions d'habitants, confrontés à des problèmes d'approvisionnement en produits frais.

CHINE ET COVID

« L'activité économique chinoise est lourdement pénalisée par les restrictions sanitaires draconiennes mises en place pour freiner le rebond épidémique. Les économistes prévoient un recul du PIB au deuxième trimestre, ce qui se répercutera sur l'économie mondiale en raison de la taille de la Chine. »

***Les Échos*, mai 2022**

Dessin publié le 30.05.1989

MIKHAÏL GORBATCHEV (1931-2022)

« En 2005, Poutine déclarait que la chute de l'URSS "avait été la plus grande catastrophe géopolitique du xxe siècle". De ce fait, les relations entre Poutine et Gorbatchev ont toujours été rares et seulement protocolaires. Poutine d'ailleurs n'assistera pas à ses obsèques et il n'y aura pas de deuil national pour "l'homme le plus loué en Occident et le moins apprécié en Russie". »

***Atalayar*, septembre 2022**

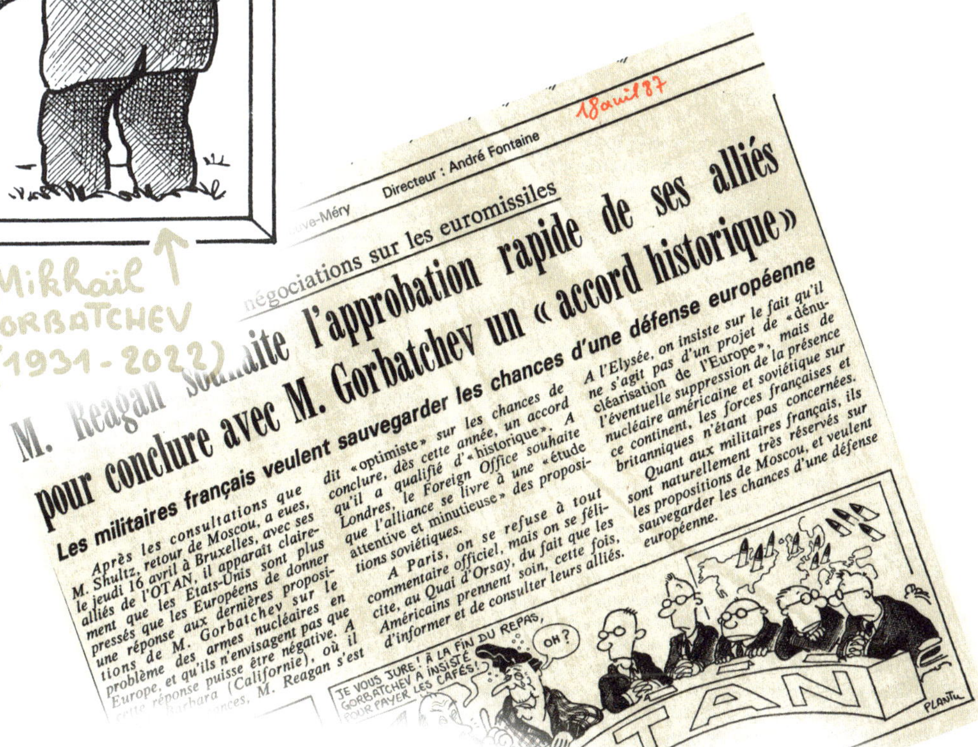

18 avril 87

Directeur : André Fontaine

négociations sur les euromissiles

M. Reagan souhaite l'approbation rapide de ses alliés pour conclure avec M. Gorbatchev un « accord historique »

Les militaires français veulent sauvegarder les chances d'une défense européenne

Après les consultations que M. Shultz, retour de Moscou, a eues, le jeudi 16 avril à Bruxelles, avec ses alliés de l'OTAN, il apparaît clairement que les Etats-Unis sont plus pressés que les Européens de donner une réponse aux dernières propositions de M. Gorbatchev sur le problème des armes nucléaires en Europe, et qu'ils n'envisagent pas que cette réponse puisse être négative. A ... Barbara (Californie), où il ...nces, M. Reagan s'est dit « optimiste » sur les chances de conclure, dès cette année, un accord qu'il a qualifié d'« historique ». A Londres, le Foreign Office souhaite que l'alliance se livre à une « étude attentive et minutieuse » des propositions soviétiques.

A Paris, on se refuse à tout commentaire officiel, mais on se félicite, au Quai d'Orsay, du fait que les Américains prennent soin, cette fois, d'informer et de consulter leurs alliés.

A l'Elysée, on insiste sur le fait qu'il ne s'agit pas d'un projet de « dénucléarisation de l'Europe », mais de l'éventuelle suppression de la présence nucléaire américaine et soviétique sur ce continent, les forces françaises et britanniques n'étant pas concernées.

Quant aux militaires français, ils sont naturellement très réservés sur les propositions de Moscou, et veulent sauvegarder les chances d'une défense européenne.

Mur de Berlin-1989

ıpplément Radio-Télévision

Le Monde

DERNIÈRE ÉDITION

DIMANCHE 10-LUNDI 11 DÉCEMBRE 1989

ier Kohl se rallie au processus d'union économique et monétaire

ıue le peuple allemand « retrouve son unité »

ıtion » devra « se situer dans la perspective de l'intégration communautaire »

dans la perspective de l'intégration communautaire ». Le chancelier Kohl aurait, d'autre part, affirmé qu'il n'était pas question de toucher à la ligne Oder-Neisse, qui détermine la frontière germano-polonaise depuis la fin de la guerre.

Vendredi également, les Douze avaient approuvé le projet de création d'une banque pour les pays de l'Est, proposé par M. Mitterrand. Onze d'entre eux (Mme Thatcher s'est abstenue) ont aussi adopté le projet de charte sociale.

CLAIRE TRÉAN

Lire la suite page 3

ıe nuit du PC de Berlin-Est

ıssue de débats confus, le Parti communiste de RDA

ın nouveau chef, avant de changer de nom et de programme

BERLIN-EST

La réforme de l'usure

Accalmie aux Philippines

Le 25 décembre 1991, Gorbatchev démissionna de son poste de président et les pouvoirs furent cédés à Boris Eltsine. L'URSS fut dissoute le 26 décembre 1991 et 14 des 15 républiques socialistes soviétiques (dont l'Ukraine et la Biélorussie) proclamèrent leur indépendance.

Le Monde

7, rue des Italiens, 75427 Paris Cedex 09

MARDI 6 FÉVRIER 1990

Session à huis clos du comité central du PC soviétique

M. Mikhaïl Gorbatchev est résolu à « accélérer le changement de façon décisive »

Le comité central du PC soviétique a entamé, lundi matin, une session plénière au cours de laquelle doivent notamment être examinés une refonte des structures du parti et son renoncement éventuel au monopole du pouvoir. Les membres du comité central siègent à huis clos et le discours introductif de M. Gorbatchev n'a pas été [...] Vendredi dernier, lors d'un entretien avec des mineurs rapporté par la « Pravda », le secrétaire général avait déclaré qu'il « fallait accélérer le changement de façon décisive ».

Deux heures après l'ouverture [...] num, à Moscou, le journal [...]

UKRAINE

QUELQUES DATES

1991 Indépendance de l'Ukraine après la chute de l'Union soviétique.

2004 **(novembre)** Élection d'un président pro-russe, Viktor Ianoukovitch. Les Ukrainiens affirment qu'il s'agit d'un vote truqué. Début de la révolution orange et nouvelle élection.

2004 **(décembre)** Élection du candidat pro-européen Viktor Iouchtchenko.

2005 Entretien de Poutine au journal télévisé de France 3 : « S'il y avait élargissement de l'OTAN en Ukraine, l'Ukraine pourrait avoir des problèmes, je le dis franchement. »

2010 Élection à la présidence du pro-russe Viktor Ianoukovitch.

2014 Grandes manifestations pro-européennes dites révolution de Maïdan, démission du président Ianoukovitch qui fuit en Russie. L'Ukraine veut se défaire de son passé russe communiste, déboulonne les statues de Lénine. Début de la crise de Crimée et de la guerre du Donbass. Élection de Petro Porochenko.

2019 Élection de Volodymyr Zelensky.

2021 La Russie déploie de 100 000 à 150 000 hommes à la frontière avec l'Ukraine.

2022 **(24 février)** Invasion de l'Ukraine par la Russie.

UKRAINE

« LA GRANDE RUSSIE »

« Je suis convaincu que la véritable souveraineté de l'Ukraine n'est possible qu'en partenariat avec la Russie. Nos liens spirituels, humains et civilisationnels se sont formés pendant des siècles et ont leurs origines dans les mêmes sources, ils ont été durcis par des épreuves, des réalisations et des victoires communes. Notre parenté s'est transmise de génération en génération. Elle se trouve dans le cœur et la mémoire des personnes vivant dans la Russie et l'Ukraine modernes, dans les liens du sang qui unissent des millions de nos familles. Ensemble, nous avons toujours été et serons bien plus forts et plus performants. Car nous sommes un seul peuple. »

Déclaration de Poutine sur le site du gouvernement russe, juillet 2021

L'AUTRE RUSSIE

« Le concept de responsabilité collective me paraît douteux et hypocrite. Si tout le monde est coupable, cela enlève la responsabilité personnelle de ceux qui ont réellement commencé la guerre. Ce concept permet à Poutine de se cacher derrière le peuple russe, utilisé comme un bouclier humain.

La vérité est que mon peuple est devenu victime de la politique du Kremlin… Une partie a été trompée par la propagande, certains ont été intimidés, d'autres encore réprimés. Mon peuple n'est pas méchant. »

Ilia Iachine, opposant emprisonné à Moscou,
***Le Monde*, août 2022**

OTAN-RUSSIE 2021

Dans son communiqué de présentation de Sea Breeze 2021, l'OTAN ne fait pas mystère du fait qu'elle a accru sa présence en mer Noire depuis l'annexion de la Crimée en 2014, qu'elle juge illégitime.

Moscou entend contrer la présence occidentale dans sa « zone d'influence » et rétablir une forme d'équilibre en sa faveur.

LA RUSSIE S'APPRÊTE À RENFORCER SES FORCES ARMÉES FACE À « L'ACTIVITÉ CROISSANTE » DE L'OTAN À SES FRONTIÈRES

Déjà en novembre 2021, le ministre russe de la Défense, Sergueï Choïgou, déclarait : « La situation militaire et politique difficile dans le monde et l'activité croissante des pays de l'OTAN près des frontières russes imposent la nécessité de poursuivre le développement qualitatif des forces armées. »

***Le Figaro* et AFP, 24 novembre 2021**

OTAN - FINLANDE - SUÈDE

La ratification des protocoles d'accession de la Finlande et de la Suède à l'OTAN a été signée à Bruxelles le 5 juillet 2022. Ces deux pays deviendront les 31e et 32e membres de l'OTAN, à la suite de leur demande d'adhésion dans le contexte de l'invasion russe de l'Ukraine.

POLOGNE
BIÉLORUSSIE
RUSSIE
Kiev
UKRAINE
Kharkiv
Lviv
SLOV.
HONG.
MOLDAVIE
Marioupol
Odessa
Mer
d'Azov
RUSSIE
ROUMANIE
Crimée
Mer
Noire

LE FANTASME D'UNE GUERRE ÉCLAIR

«La Russie restaure son unité. En effet, la tragédie de 1991, cette terrible catastrophe de notre histoire, cette dislocation contre nature, est enfin surmontée [...]. La Russie est rétablie dans son intégralité historique rassemblant le monde russe, le peuple russe : les Grands-Russes *(Russes de la Fédération de Russie)*, les Biélorusses et les Petits-Russes *(les Ukrainiens).* [...] L'Ukraine est revenue à la Russie. Ce retour ne signifie pas que l'Ukraine perde son statut d'État. Simplement, elle sera transformée, réorganisée et rendue à son état originel en tant que partie intégrante du monde russe.»

Texte du 26 février 2022 (deux jours après l'invasion) lorsque Poutine pensait gagner rapidement. Il a très vite été retiré du site de l'Agence Novosti...

POUTINE FOU ?

« On dit souvent que Poutine est un fou mais pas du tout ! Il tient un discours qui a sa logique. Qui n'est pas la nôtre. Mais il tient un discours avec des formules historiques, c'est-à-dire que lui est dans l'idée que l'Ukraine c'est la Russie. Il le dit dans ses discours, donc à partir de là quand il intervient en Ukraine il dit : "Je suis chez moi." »

François Hollande, 9 mars 2022

VICTIMES CIVILES

Le Haut-Commissariat des Nations unies aux droits de l'homme (HCDH) a enregistré, au 3 juillet 2022, un total de 11 544 victimes civiles dans le pays : 5 024 tués et 6 520 blessés, au cours de l'attaque militaire russe contre l'Ukraine. Toutefois, le HCDH a précisé que les chiffres réels pourraient être plus élevés.

"J'ai de la pitié pour les Russes ; ils ont tué leurs semblables"
Une rescapée de la ville de Borodyanka près de Kiev

UKRAINE

R
RUSSIE
PLANTU

COMMUNICATION

« Zelensky et Poutine ont beau vivre dans des pays limitrophes, leurs univers sont diamétralement opposés. Le premier s'est fait connaître après avoir participé à une sitcom TV populaire, *Le Serviteur du peuple*, incarnant un président jeune et dans l'air du temps, figure qu'il s'efforce de représenter aujourd'hui. Ancien humoriste, il maîtrise la communication sur les réseaux sociaux depuis toujours. Sa première conférence de presse a eu lieu dans le métro de Kiev.

Vladimir Poutine est, lui, un ancien du KGB, qui a grandi et fait carrière pendant la guerre froide, dans un monde où la verticalité et l'unicité des médias étaient la règle... et le sont toujours en Russie. Sa communication en est le parfait exemple. Toutes les images, clips où il apparaît sont des photos et vidéos qui suscitent, comme Zelensky, l'émotion, mais pour des raisons inverses. Quand Zelensky émeut, parce qu'il semble proche de ses compatriotes, en T-shirt, l'air fatigué, Poutine, lui, inspire la terreur assis à une table blanche gigantesque à plusieurs mètres de son interlocuteur. »

Site EurAsia Prospective

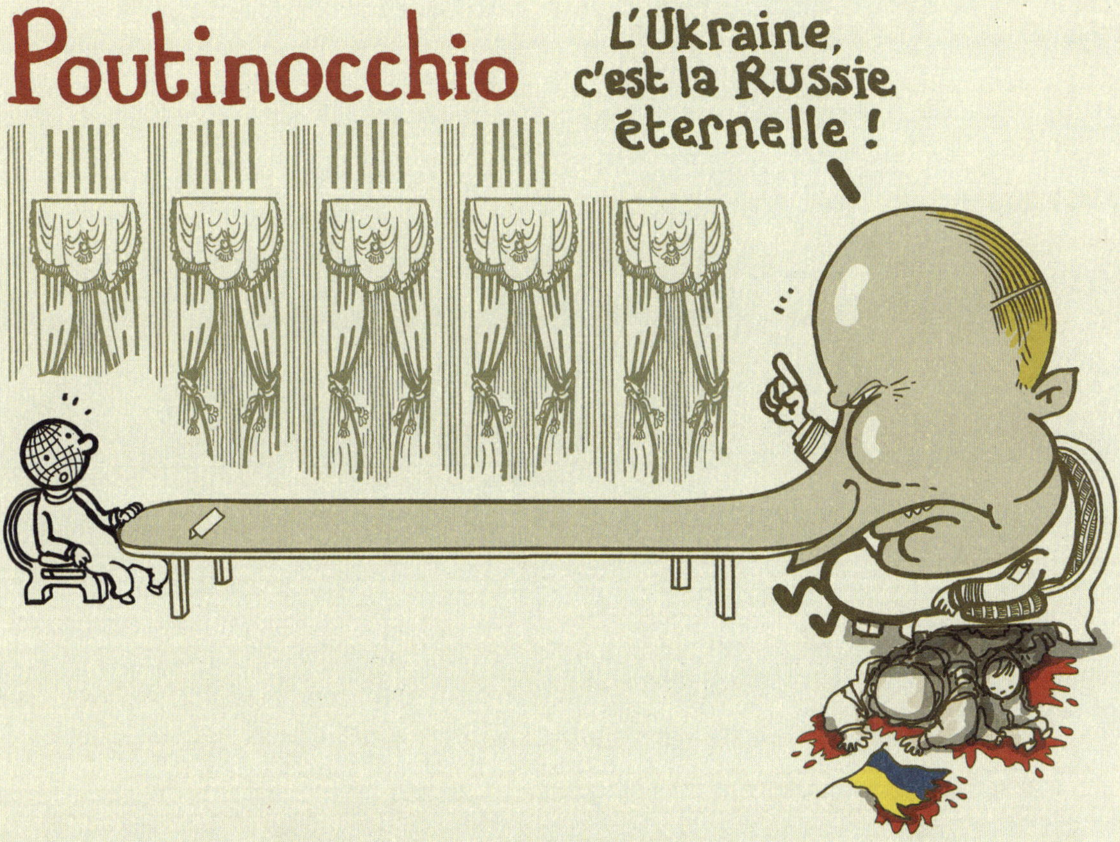

RÉSISTANCE RUSSE

« Depuis le début de l'invasion de l'Ukraine, des Russes bravent les interdictions pour s'opposer à la campagne militaire de Vladimir Poutine, risquant ainsi leur carrière et leur sécurité. Leur expression est mise en danger par le muselage de la culture russe à l'étranger. La guerre en Ukraine se déroule aussi sur le front de l'information. »

blast-info.fr

« En mars 2022, une femme a fait irruption pendant le journal télévisé le plus regardé de Russie pour protester en direct contre l'offensive de son pays en Ukraine. Elle s'appelle Marina Ovsyannikova, productrice sur la chaîne d'État. Arrêtée, puis libérée, elle a démissionné et quitté le pays pendant plusieurs mois. De retour en Russie, elle reste dans le collimateur de la justice. »

TV5 Monde, juillet 2022

15 000 personnes ont été arrêtées lors des grandes manifestations contre la guerre de mars 2022.

UNION EUROPÉENNE

« L'UE condamne fermement la décision de Poutine de reconnaître les zones non contrôlées par le gouvernement des oblasts de Donetsk et de Louhansk, ainsi que l'agression militaire injustifiée et non provoquée de la Russie contre l'Ukraine. Elle condamne également l'implication de la Biélorussie dans l'agression militaire menée par la Russie…

Le recours à la force et à la coercition pour modifier les frontières n'a pas sa place au XXIe siècle. Les tensions et les conflits devraient être résolus exclusivement par le dialogue et la diplomatie. »

Conseil européen, février 2022

ONU

Kiev est bombardée pendant la visite du secrétaire général de l'ONU : des missiles russes ont frappé la capitale ukrainienne, pour la première fois depuis la mi-avril et en pleine visite du secrétaire général de l'ONU, António Guterres. Ce dernier a regretté que le Conseil de sécurité n'ait pas réussi à arrêter la guerre.

MACRON-ZELENSKY : JE T'AIME MOI NON PLUS

Derrière la complicité revendiquée par les présidents français et ukrainien se joue un bras de fer géostratégique.

Une bonne dose de communication pousse l'ancien comédien devenu chef de guerre et le président jupitérien à se mettre en scène. « Macron-Zelensky, une amitié pour l'histoire », aime-t-on répéter du côté de l'Élysée. Et pourtant, Emmanuel et Volodymyr qui se sont téléphoné une vingtaine de fois entre décembre et mars dernier, ont bien frôlé la rupture.

***L'Obs*, juin 2022**

IRAN
CORÉE
DU NORD
USA
RUSSIE

MENACE NUCLÉAIRE

Le risque « d'anéantissement nucléaire » n'a jamais été aussi sérieux, alerte le secrétaire général de l'ONU, António Guterres, qui a publiquement exprimé le 1er août 2022 ses craintes d'une escalade. À New York, l'ombre de Vladimir Poutine plane sur la réunion des signataires du traité sur la non-prolifération des armes nucléaires (TNP).

RÔLE DES ÉTATS-UNIS

« La Russie est responsable du conflit actuel en Ukraine. C'est la Russie qui a massé ses troupes à la frontière l'automne et l'hiver derniers et qui, après avoir exigé de l'OTAN un certain nombre de garanties de sécurité liées à l'Ukraine que l'OTAN a rejetées, a commencé à bombarder et à tuer le 24 février.

Mais les États-Unis ont contribué à transformer ce conflit tragique, local et ambigu en une conflagration mondiale potentielle. En ne comprenant pas la logique de la guerre, l'Occident, dirigé par l'administration Biden, donne au conflit un élan qui pourrait être impossible à arrêter.

Les États-Unis ne font aucune concession. Ce serait perdre la face. Il y a des élections à venir. Donc l'administration ferme les voies de négociation et travaille à intensifier la guerre. Nous sommes là pour la gagner. Avec le temps, l'importation massive d'armes mortelles, y compris celles provenant de l'allocation de 40 milliards de dollars récemment autorisée, pourrait faire passer la guerre à un autre niveau. Le président ukrainien Volodymyr Zelensky a prévenu dans un discours aux étudiants ce mois-ci que "le plus sanglant est à venir". »

Christopher Caldwell, *New York Times*, mai 2022

MEDVEDEV ET LE RECOURS AU NUCLÉAIRE

Dans une interview au *Guardian* en mars 2022, **Dmitri Medvedev** rappelle « les bases » d'une utilisation du nucléaire russe : « Nous avons un document spécifique sur le sujet de la dissuasion nucléaire. Il indique clairement les bases sur lesquelles la Fédération de Russie peut légitimement utiliser ses armes nucléaires. Il y en a très peu, permettez-moi de vous les rappeler », a d'abord lancé celui qui fut aussi le Premier ministre de Vladimir Poutine jusqu'en 2020. « Le premier cas est celui dans lequel la Russie est frappée par un missile nucléaire. Le second désigne toute utilisation d'une autre arme nucléaire contre la Russie ou ses alliés. Le troisième serait une attaque contre une infrastructure vitale qui paralyserait nos forces de dissuasion nucléaires. Et le quatrième cas serait un acte d'agression contre la Russie et ses alliés, menaçant l'existence du pays lui-même, même sans utilisation d'armes nucléaires, c'est-à-dire avec l'emploi d'armes conventionnelles. »

Ce que Medvedev ne dit pas, c'est ce qu'il ferait au cas où l'OTAN fournirait des avions de chasse à l'Ukraine.

MENACE NUCLÉAIRE (SUITE)

« La tension monte chaque jour d'un cran autour de la centrale nucléaire de Zaporijjia, la plus grande d'Europe. Alors que des lignes à haute tension ont été touchées ce week-end sur le site nucléaire ukrainien situé sous contrôle russe, la Russie et l'Ukraine s'accusent mutuellement des frappes. »

***L'Indépendant*, août 2022**

PROLIFÉRATION DES ARMES

« Avec la multiplication des envois d'équipements militaires et d'armes en Ukraine, un certain nombre de pays alliés s'inquiètent, depuis plusieurs mois, de leur possible dissémination hors du théâtre ukrainien par le biais de groupes criminels ou du marché noir.

Plusieurs pays occidentaux regrettent un manque de "transparence" de la part des Ukrainiens sur la traçabilité des livraisons, en particulier sur les munitions et les armes de petits calibres. »

***Le Monde*, juillet 2022**

DESTRUCTIONS

Un mois après les premiers bombardements russes, il ne reste que des morceaux d'immeubles à Borodyanka, au nord-ouest de Kiev. Tous les jours, les secouristes fouillent inlassablement les décombres à la recherche des habitants surpris par les bombes.

Kiev
UKRAINE
Donetsk

JOURNALISTES TUÉS

« Le premier s'appelait Brent Renaud, un vidéaste américain très expérimenté et multi-primé, dont la voiture a été visée par des tirs le 13 mars, à Irpin.

Le lendemain, à Horenka, une autre voiture de presse est prise pour cible, celle de la chaîne d'info Fox News. Succombe Pierre Zakrzewski, cameraman d'origine française.

Il était accompagné d'une toute jeune "fixeuse", Oleksandra Kuvshynova, 24 ans seulement : elle est morte aussi.

La journaliste indépendante russe Oksana Baulina a été tuée le 23 mars par un tir de roquette alors qu'elle filmait les dégâts causés par de précédentes frappes dans un centre commercial. Quant au film (posthume) sur Marioupol du documentariste lituanien Mantas Kvedaravičius, il a bouleversé la Croisette. Son auteur n'en est jamais revenu.

Lorsque l'armée russe a bombardé la tour de la télévision à Kiev, le 1er mars, Evgueni Sakoun meurt sous les décombres. Il travaillait pour la télévision ukrainienne et il était le correspondant d'une agence de presse espagnole.

Le 1er avril, on retrouve le corps de Maks Levin, un photographe ukrainien, disparu depuis deux semaines dans l'oblast de Kiev. L'une de ses photos venait juste de faire la couverture du *Spiegel* en Allemagne, d'autres ont été publiées par le *Time* ou encore le *Wall Street Journal*. Levin était une des signatures de l'agence Reuters.

Le 30 mai 2022, le journaliste reporter français de la chaîne BFMTV Frédéric Leclerc-Imhoff est tué par un éclat d'obus sur la route de Lyssytchansk alors qu'il accompagnait un convoi humanitaire dans la région. »

Radio France, mai 2022

CHANTAGE AU BLÉ

« Vladimir Poutine poursuit son chantage sur les céréales et l'Union européenne maintient la pression sur Moscou : "Le blé est une denrée précieuse, à la fois symbole et aliment. Le pain est un indicateur de stabilité – ou d'instabilité. Et c'est ce qui en fait un outil de propagande si puissant. Le véritable danger n'est pas qu'il y ait une pénurie mondiale, mais que la peur crée un climat de panique qui fasse grimper les prix et prive de nourriture ceux qui ont faim." »

***Washington Post*, juin 2022**

Un accord survient le 22 juillet à Istanbul et permet la reprise des exportations : un bateau rempli de céréales a quitté le port d'Odessa le 1er août.

UNE BALLE DANS LE PIED

« “Se tirer une balle dans le pied.” La métaphore, d'origine militaire, semble bien décrire les conséquences de l'invasion de l'Ukraine par la Russie, après que l'OTAN a décidé, mardi soir, de s'élargir à la Suède et la Finlande.

Deux pays traditionnellement neutres, au point d'ailleurs que le deuxième avait donné son nom au concept d'une politique étrangère non indépendante, la finlandisation, depuis son invasion par l'URSS en 1939. »

Les Échos, **mai 2022**

GAZ

RÉFUGIÉS

Depuis le début du conflit, le flux de déplacés ukrainiens s'élève à plus de 7,1 millions de personnes, dont plus de 2,5 millions d'enfants – selon les chiffres de l'ONU et de l'UNICEF –, qui ont fui vers les pays frontaliers européens (Pologne, Slovaquie, Hongrie et Roumanie) mais aussi sur le reste du continent (Allemagne, Italie, France, Autriche, Belgique et Pays-Bas).

Site du ministère de l'Intérieur

Selon les données de l'Agence des Nations unies pour les réfugiés (UNHCR) du 9 juin 2022, sur les 7,3 millions de réfugiés qui ont quitté l'Ukraine, 2,3 millions sont d'ores et déjà rentrés.

DU COMPROMIS DANS LES TUYAUX

Pour le pétrole, la France et les États-Unis se tournent vers l'Arabie saoudite : « Alors qu'il avait promis de traiter le prince héritier saoudien en "paria" en raison de l'assassinat du journaliste Jamal Khashoggi en 2018, le chef d'État américain a dû se renier lors de ce voyage officiel au Moyen-Orient. »

Le Monde, 16 juillet 2022

Mais Mohammed ben Salmane « peut apparemment [aussi] compter sur Emmanuel Macron pour le réhabiliter sur la scène internationale malgré la répression impitoyable des autorités saoudiennes contre toute critique et crimes de guerre au Yémen ».

Human Rights Watch France

J'en mettrais ma tête à couper : Jamais je n'irai en Arabie Saoudite !

GAZ
PLANTU

GAZPROM

APPROVISIONNEMENTS MENACÉS

La guerre en Ukraine a profondément changé les règles du jeu. La France est tributaire de la Russie pour ses approvisionnements en gaz et en pétrole.

Engie renforce ses contrats d'achat de gaz naturel liquéfié issu du gaz de schiste américain. Ce contrat avait été écarté en 2020 pour des raisons environnementales.

« L'extraction de gaz de schiste par fracturation hydraulique est responsable de la libération dans l'atmosphère de quantités importantes de méthane, un gaz à effet de serre au pouvoir de réchauffement bien plus puissant que le dioxyde de carbone. »

Les Amis de la terre, avril 2022

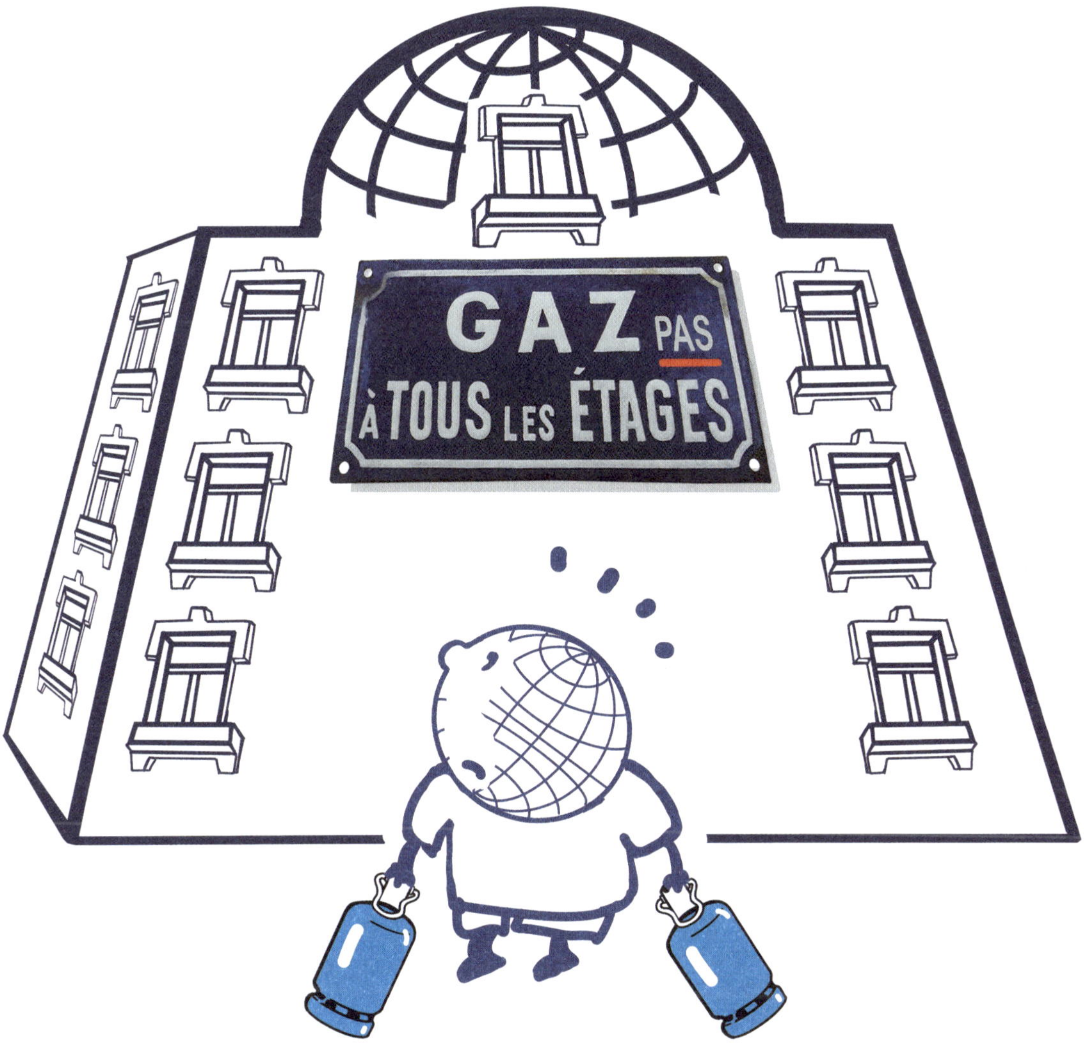
GAZ PAS
À TOUS LES ÉTAGES

CLIMAT

NOTRE MAISON BRÛLE

« Notre maison brûle et nous regardons ailleurs. Nous ne pourrons pas dire que nous ne savions pas. Prenons garde que le XXIe siècle ne devienne pas, pour les générations futures, celui d'un crime de l'humanité contre la vie. »

Jacques Chirac,
discours au 4e Sommet de la Terre
de Johannesburg, 2002

« Tous les experts du climat annoncent des hausses de températures, la multiplication des épisodes caniculaires, en lien avec le réchauffement climatique. Ce qui pouvait s'apparenter à l'exceptionnel avant est désormais régulier en 2022, et sera sans doute notre quotidien en 2023. »

Grégory Allione (président de la Fédération
nationale des sapeurs-pompiers)

ALERTE

« Quand il y a une marche pour le climat, on est 50 000 et on est content. Quand il y a l'arrivée de la Coupe du monde, on est 3 millions dans la rue. Quand on sera 3 millions dans la rue pour manifester contre le dérèglement climatique, les politiques nous écouteront. »

Yann Arthus-Bertrand

SÉCHERESSE ET MANQUE D'EAU

« Avec le changement climatique, les sécheresses seront de plus en plus fréquentes. À cause de la hausse des températures, l'évaporation augmentera, renforçant l'intensité et la durée des sécheresses. Les effets sont déjà visibles, notamment en Méditerranée.

Depuis juillet 2022, tous les départements français sont soumis à des restrictions plus ou moins importantes pour économiser l'eau. Le changement climatique modifie déjà le cycle de l'eau. Les épisodes de sécheresse sont de plus en plus courants et débutent plus tôt dans l'année. »

Ministère de la Transition écologique

Zzz
RÉCHAUFFEMENT DE LA PLANÈTE
PLANTU

EAU
OR

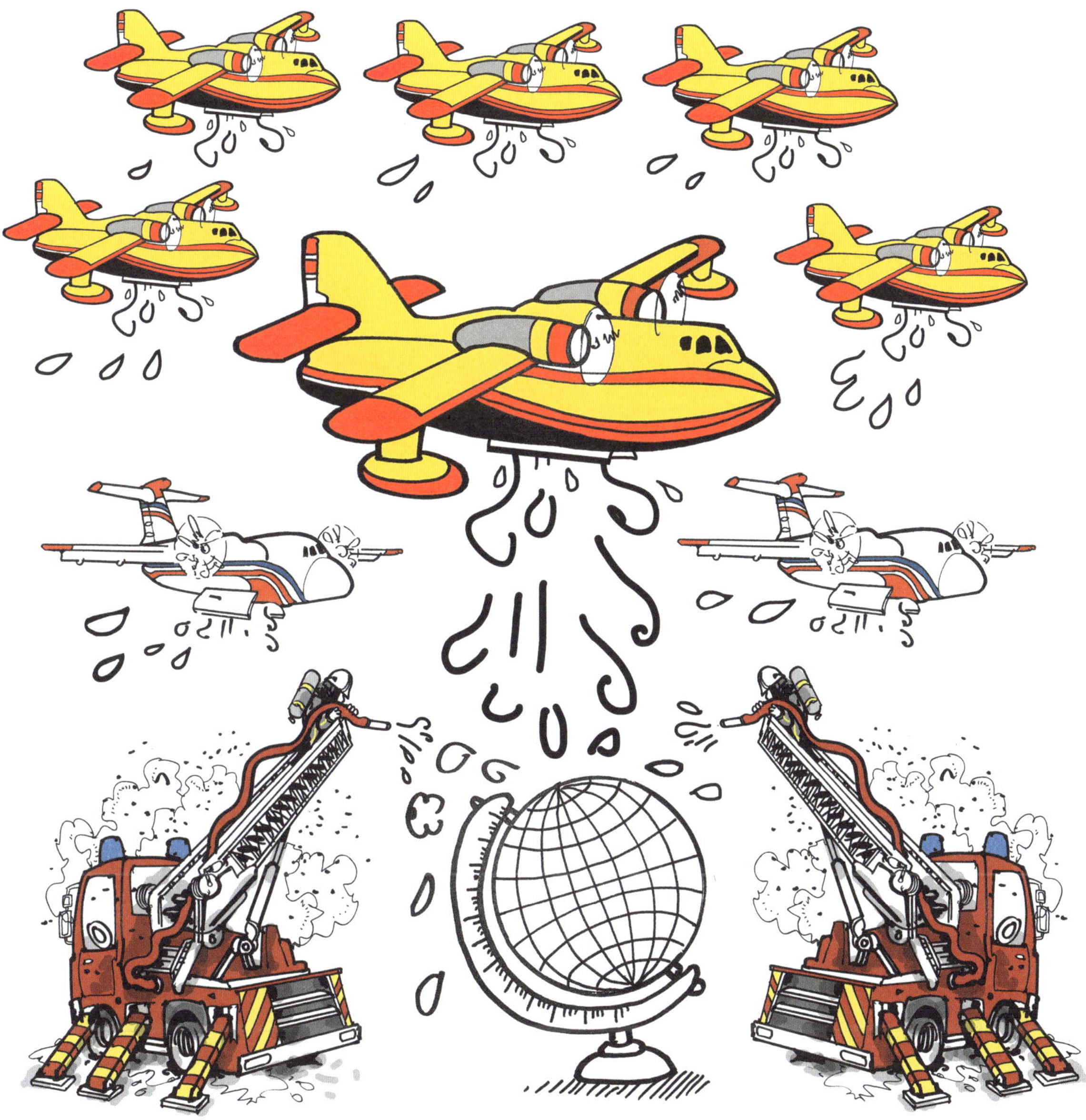

INCENDIES DE FORÊT

Selon les chiffres de la direction générale de la Sécurité civile, 173 feux se sont produits depuis le 10 juin. Une saison d'une ampleur exceptionnelle : en volume, toujours depuis le 10 juin, plus de 39 000 hectares de forêt ont brûlé contre 1 787 hectares à la même date en 2021 : 20 300 hectares ont brûlé rien qu'en Gironde.

***Ouest France*, juillet 2022**

Et malgré l'approche de l'automne, des températures caniculaires et de nouveaux incendies se sont déclarés mi-septembre dans le Sud-Ouest de la France.

PROTECTION DES FORÊTS

« Le principe du débroussaillement, ou débroussaillage, est de réduire la quantité de végétation autour des habitations et d'espacer les arbres les uns des autres. Le feu ayant moins de combustible à brûler sera moins puissant et il aura plus de mal à se propager si les végétaux sont éloignés les uns des autres. Il s'agit donc de couper la végétation herbacée, les buissons et les arbustes, et la plupart du temps de mettre à distance les arbres pour qu'ils ne se touchent pas. Les branches basses des arbres restants sont aussi élaguées. »

Office national des forêts

Blanche-Neige !!!
a un pompier qui
nous dit que notre maison
st trop près de la végétation !
De quoi j'me mêle ?
D'après Walt Disney
PLANTU

PROTECTION DU LITTORAL

« Les dunes sont à l'épreuve des changements climatiques. Entre terre et mer, le littoral est soumis à l'érosion, l'ensablement ou la submersion marine. Ces phénomènes sont liés à des événements météorologiques (tempête, cyclone, forte dépression et vent de mer) ou océanographiques (houle, marée, tsunami) d'ampleur très inhabituelle. »

Office national des forêts

d'après
HERGÉ
PLANTU

NOTRE-DAME

UNE AFFICHE

Six mois avant la sortie en salle du magnifique film *Notre-Dame brûle*, le producteur Jérôme Seydoux et le réalisateur Jean-Jacques Annaud me demandent d'imaginer un dessin pour l'affiche du film.

Moi qui venais de quitter *Le Monde* après cinquante ans à côtoyer de nombreux rédacteurs en chef, je me retrouvais devant de nouveaux rédacteurs en chef, bienveillants certes mais quand même des rédacteurs en chef !...

Quelle responsabilité ! D'autant que j'ai eu la chance de discuter pendant des semaines avec des passionnés du cinéma qui m'accordaient quelques minutes entre deux tournages crépitants et enflammés.

Quand je me suis retrouvé devant ma feuille blanche, je n'ai pas oublié la consigne : mettre en avant le courage des pompiers devant l'immensité de la tragédie.

JÉRÔME SEYDOUX ET FRANÇOIS PINAULT
PRÉSENTENT
NOTRE-DAME
BRÛLE
UN FILM DE
JEAN-JACQUES ANNAUD
AVEC SAMUEL LABARTHE JEAN-PAUL BORDES MIKAËL CHIRINIAN
SCÉNARIO JEAN-JACQUES ANNAUD ET THOMAS BIDEGAIN MUSIQUE ORIGINALE SIMON FRANGLEN CHEF DÉCORATEUR JEAN RABASSE (A.D.C.) DIRECTEUR DE LA PHOTOGRAPHIE JEAN-MARIE DREUJOU (A.F.C.) MONTAGE REYNALD BERTRAND
SON LUCIEN BALIBAR GURWAL COÏC-GALLAS CYRIL HOLTZ DAMIEN LAZZERINI EFFETS SPÉCIAUX ET PYROTECHNIE (SFX) PHILIPPE HUBIN ET JEAN-CHRISTOPHE MAGNAUD SUPERVISION DES EFFETS VISUELS (VFX) LAURENS EHRMANN
1ER ASSISTANT RÉALISATION MATTHIEU DE LAMORTIÈRE PRODUCTEUR EXÉCUTIF JEAN-YVES ASSELIN PRODUCTEURS JÉRÔME SEYDOUX ET ARDAVAN SAFAEE PRODUCTRICE ASSOCIÉE MARIE DE CENIVAL UNE COPRODUCTION PATHÉ TF1 FILMS PRODUCTION
EN COPRODUCTION AVEC WILDSIDE AVEC LA PARTICIPATION DE OCS AMAZON PRIME VIDEO TF1 TMC AVEC LE SOUTIEN DE LA RÉGION ÎLE-DE-FRANCE DU CENTRE NATIONAL DU CINÉMA ET DE L'IMAGE ANIMÉE
AVEC LE CONCOURS DE LA BRIGADE DES SAPEURS-POMPIERS DE PARIS DISTRIBUTION PATHÉ VENTES INTERNATIONALES PATHÉ INTERNATIONAL
PLANTU

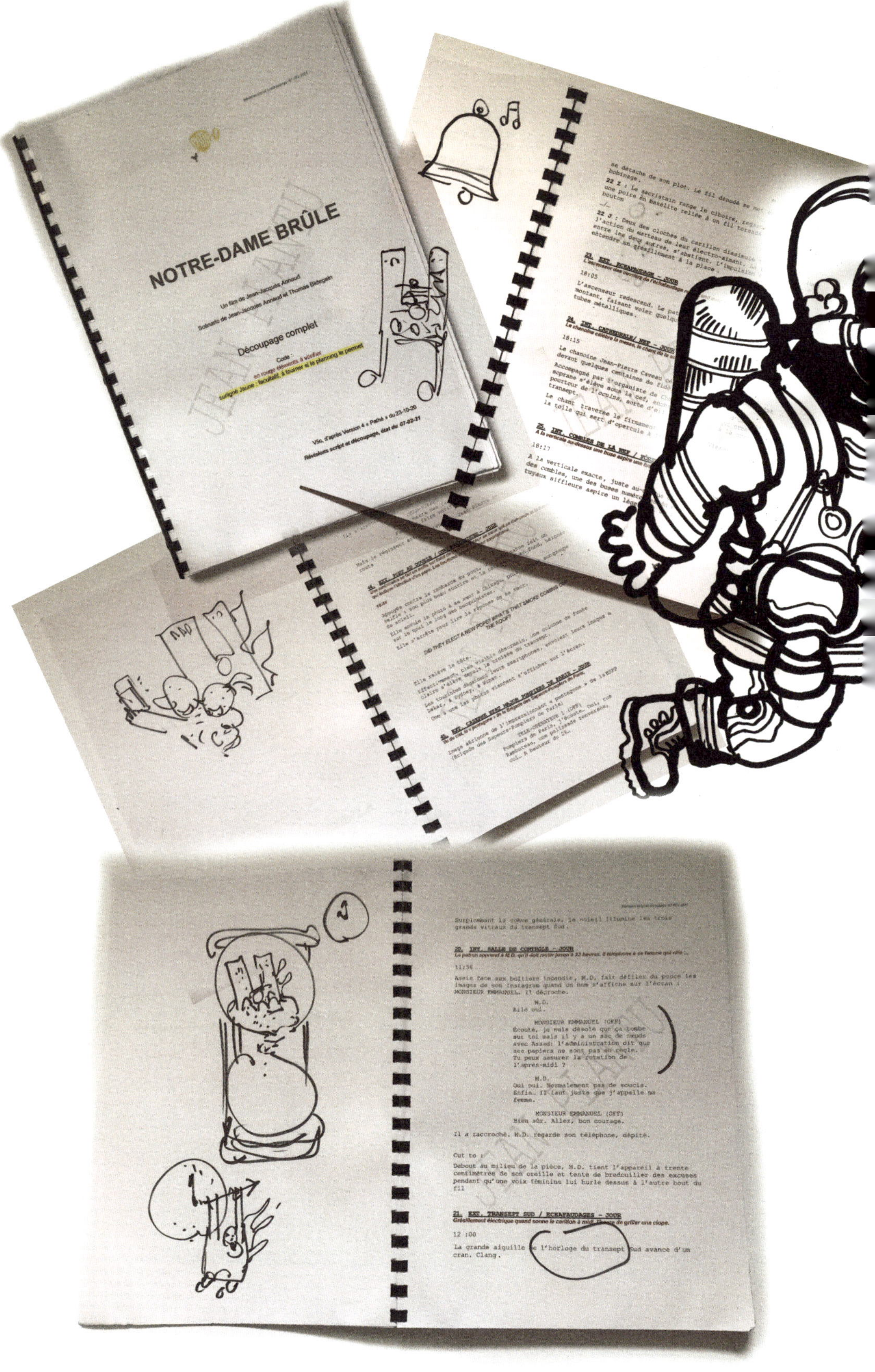
NOTRE-DAME BRÛLE
Découpage complet
20. INT. SALLE DE CONTROLE - JOUR
M.D.
Allô oui.
MONSIEUR EMMANUEL (OFF)
Bien sûr. Allez, bon courage.
Il a raccroché. M.D. regarde son téléphone, dépité.
Cut to :
21. EXT. TRANSEPT SUD / ECHAFAUDAGES - JOUR
12 :00
cran. Clang.

Je me suis rendu plusieurs fois à la production de Pathé avec mes dessins sous le bras ; j'ai présenté des esquisses de Notre-Dame, les soldats du feu, les échelles, les maisons de Paris, les ponts, les passants qui se prenaient en selfie ; des camions rouges qui n'arrivent pas à avancer à cause des couloirs pour trottinettes… Tout ça sur fond de tragédie.

Jean-Jacques Annaud voulait absolument que je rende hommage au courage des pompiers. D'accord, alors j'ai commencé par lire le scénario, que j'ai annoté par-ci par-là, avec de petits crobards, avançant à tâtons dans le brouillard de l'incendie et de mes pensées fumeuses.

Et puis, j'ai croisé les pompiers, les acteurs, les figurants, les techniciens au milieu des fumées âcres et des passions.

Le réalisateur a tout de suite écarté la proposition remplie de voitures de pompiers, de ponts et de maisons, de petits bonshommes : l'image faisait trop penser à une bande dessinée qui pouvait prêter à sourire alors que le film raconte un drame. Le réalisateur n'avait pas tort ; alors, j'ai continué à partir des photos envoyées par la production à dessiner des pompiers dans tous les sens, une Vierge et l'Enfant, des chaises et des prie-Dieu sans très bien savoir où j'allais.

J'ai cherché et dessiné pendant des semaines.

Je voulais montrer la beauté de Notre-Dame, la richesse de l'architecture, sa force et sa vulnérabilité.

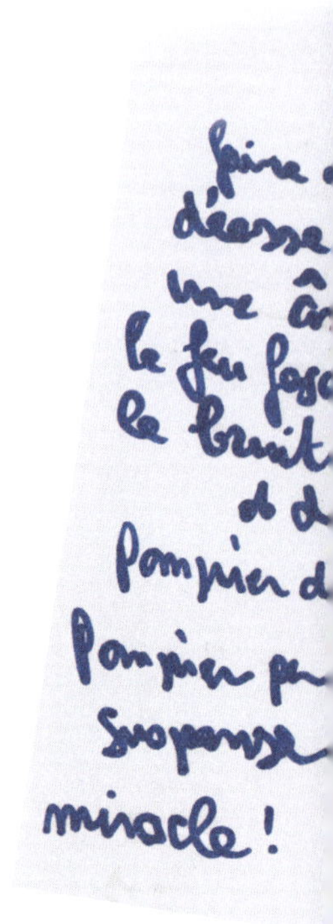
déesse
Pompier
miracle !

Gontier s'arrête net.
GENERAL GONTIER
Bon alors vous choisissez.
L'architecte ne comprend pas.
GENERAL GONTIER
L'eau ou le feu, vous choisissez.
ne sait pas quoi répondre.
GENERAL GONTIER
je vais aller
métier.
le feu est un acteur.

On ne peut pas tout dire dans une affiche et c'est devenu ce dessin d'une toute petite voiture rouge et d'un pompier qui regarde le cataclysme chancelant d'une dentelle de pierre, de bois et de plomb.

Et puis, j'ai ajouté de la fumée, des étincelles, une flèche en plomb qui s'effondre ; et enfin des flammèches qui se dispersent dans la nuit qui commence à tomber.

Oubliés, tous les détails que j'avais notés, dessinés. On ne garde plus les voûtes, les gargouilles, les prie-Dieu, la Vierge et l'Enfant, etc. On ira à l'essentiel : le courage incroyable des pompiers ; et l'immensité de la tâche à accomplir ce fameux 15 avril 2019.

Je ne sais pas pourquoi je vous raconte tout ça, allez plutôt voir le film !

Et, à Noël, n'oubliez pas d'acheter le calendrier des pompiers !

PLANTU

HOMMAGES

DISPARITION DE L'ACTEUR MICHEL BOUQUET (1925-2022)

DISPARITION DU CINÉASTE JEAN-LUC GODARD (1930-2022)

DISPARITION DU DESSINATEUR JEAN-JACQUES SEMPÉ, LE CRÉATEUR DU PETIT NICOLAS (1932-2022)

iNDEX

INDEX

INDEX

DU MÊME AUTEUR

Pauvres chéris Le Centurion, 1978
La démocratie ? Parlons-en ! Alain Moreau éditeur, 1979
Les cours du caoutchouc sont trop élastiques La Découverte, 1982 et « Folio » nº 2268
C'est le goulag ! La Découverte-Le Monde, 1983 et « Folio » nº 1966
Politic-look Le Centurion, album de BD, 1984
Pas nette, la planète ! La Découverte-Le Monde, 1984 et « Folio » nº 2271
Bonne année pour tous ! La Découverte-Le Monde, 1985
Ça manque de femmes ! La Découverte-Le Monde, 1986 et « Folio » nº 2269
À la soupe ! La Découverte-Le Monde, 1987 et Seuil, « Points actuels » nº 86
Wolfgang, tu feras informatique ! La Découverte-Le Monde, 1988 et « Folio » nº 2272
Ouverture en bémol La Découverte-Le Monde, 1988 et « Folio » nº 2270
Des fourmis dans les jambes La Découverte-Le Monde, 1989 et « Folio » nº 2273
C'est la lutte finale La Découverte-Le Monde, 1990
Un vague souvenir ! Le Monde Éditions, 1990
Reproche-Orient Le Monde Éditions, 1991
Le Président hip hop ! Le Monde Éditions, 1991
Le douanier se fait la malle Le Monde Éditions, 1992
Ici Maaaastricht ! Les Européens parlent aux Européens ! Le Monde Éditions, 1992
Cohabitation à l'eau de rose Le Monde Éditions, 1993
Le pire est derrière nous ! Le Monde Éditions, 1994
Le Petit Chirac illustré et **Le Petit Balladur illustré** Seuil, 1995
Le Petit Socialiste illustré Seuil, 1995
Le Petit Raciste illustré Seuil, 1995
Le Petit Communiste illustré Seuil, 1995
Le Petit Mitterrand illustré 1re édition, Seuil, 1995 ; 2e édition augmentée, « Points » nº 271
Magic Chirac Le Monde Éditions, 1995
Les Années vaches folles Le Monde Éditions, 1996
Pas de photos ! Le Monde Éditions, 1997
La France dopée Seuil, 1998
Le Petit Juge illustré Seuil, 1999
L'Année Plantu 1999 Seuil, 1999
Cassettes, mensonges et vidéo Seuil, 2000
Wanted Seuil, 2001
Le Nouveau Petit Chirac illustré Seuil, 2002

Le Petit Jospin illustré Seuil, 2002
Le Petit Écologiste illustré Seuil, 2002
Le Troisième Homme illustré Seuil, 2002
La France à la baguette Seuil, 2002
Plantu, sculpture et dessin Paris musées, 2003
Ils pourraient dire merci ! Seuil, 2004
À quoi ça rime ? Seuil, 2005
Je ne dois pas dessiner… Seuil, 2006
La Présidentielle 2007 vue par Plantu Seuil, 2007
Racaille le Rouge Seuil, 2007
Un boulevard pour Sarko Seuil, 2008
La Petite Histoire de la chute du communisme Éditions du Rocher, 2008
Sarko, le best of Points/Seuil, 2009
Bas les masques ! Seuil, 2009
Tête de gondole Seuil, 2010
Drôle de peuple ! (dessins sur l'Allemagne) Schaltzeit Verlag (Berlin), 2011
Les Conseils de Tonton DSK Seuil, 2011
Les Figures de style illustrées par des dessins de Plantu Hatier, 2012
On a marché sur les urnes Seuil, 2012
La Pépère-mobile Seuil, 2012
Sarko, sors de ce corps !! Seuil, 2013
Arts, lettres, chansons, cinéma… dans les dessins de Plantu Hatier, 2014
Voleuse de rêves Seuil, 2014
Souris et tais-toi ! Seuil, 2015
Debout ! Seuil, 2016
Best of Hollande Points, 2017
Les Toutous du président Seuil, 2017
Plantu, 50 ans de dessin Calmann-Lévy, 2018
Dix bonnes raisons de ne pas se faire sauter Seuil, 2018
Drôle de climat Seuil, 2019
État d'urgence : l'année de Plantu 2020 Calmann-Lévy, 2020
Les années fioles : l'année de Plantu 2021 Calmann-Lévy, 2021
Africa, dessins de Plantu et Cartooning for peace
(texte et direction d'ouvrage, René Guitton) Calmann-Lévy, 2021
Plantu-Hergé, un dialogue imaginaire Géo-Éditions Moulinsart, 2022

UKRAINE

ACHEVÉ D'IMPRIMER EN OCTOBRE 2022
PAR L'IMPRIMERIE POLLINA
85407 LUÇON
POUR LE COMPTE DES ÉDITIONS CALMANN-LÉVY
21, RUE DU MONTPARNASSE 75006 PARIS

PAPIER À BASE DE FIBRES CERTIFIÉES

CALMANN LEVY s'engage pour l'environnement en réduisant l'empreinte carbone de ses livres. Celle de cet exemplaire est de :
1,8 kg éq. CO_2
Rendez-vous sur www.calmann-levy-durable.fr

N° D'ÉDITEUR : 6589619/01
N° D'IMPRESSION : 44329
DÉPÔT LÉGAL : NOVEMBRE 2022
IMPRIMÉ EN FRANCE

2022

Le Monde
Le Monde